레즈비언 페미니즘 선언

레조
페

레즈비언
페미니즘 선언

반란, 연대,
전복의 현장들

나영 엮고 옮김

현실문화

차례

레즈비언 페미니즘, 도망노예들의 선언

김보명

(부산대 사회학과 교수, 『교차성×페미니즘』 공저자)

레즈비언 페미니즘 정치학은 1960년대 미국 여성해방운동의 흐름 속에서 태어났다. 이전까지는 성적 정체성으로 정의되었던 레즈비언이라는 범주와, 주로 정치적 입장으로 이해되었던 페미니즘이라는 범주의 만남은 당대는 물론 후대의 페미니즘에 지울 수 없는 흔적을 남겼다. 성적 실천이 정치적 문제가 되었을 뿐 아니라 정치적 실천 또한 성적인 문제를 회피할 수 없게 된 것이다. 페미니스트라면 이성애 규범적 삶에서 벗어나기 위해서 노력하는 것이, 그리고 레즈비언으로 정체화한다면 자신의 성적 선택이 갖는 정치적 급진성을 탐색하는 것이 당연시되기에 이르렀다. 페미니즘과 레즈비어니즘 간의 이러한 친연성은 '페미니즘이 이론이라면 레즈비어니즘은 실천'이라는 당대의 유명한 구호에서 가장 선명하게 드러난다. 레즈비언들은 페미니즘의 가장 전투적이고 급진적인 실천가들이자 때로는 아방가르드 전사들로 상상되었으며, 때로는 (이성애자) 페미니스트들이 도달해야 할 미래적 완결점으로 제시되기도 했다.

레즈비언 페미니즘 정치학의 상상력은 섹슈얼리티 정치학과 젠더 정치학 간의 상호적이고 친밀한 관계를 포착한다. 이성애(규범성)는 가부장제의 토대이자 산물이며, 동성애 혐오와 여성 차별은 별개의 문제가 아니라 연결된, 때로는 동일한 뿌리에서 기인하는 문제라고 인식되었다. 여성에게 이성애는 자연스러운 본능의 발현이 아닌 문화적·심리적·경제적으로 강요되는 성적 선택이며, 가부장제는 남성 지배를 확립하고 유지하기 위해 동성애적 욕망이나 실천을 억압한다는 발견 및 주장이다. 그리고 이러한 강제적 이성애(규범성)가 작동하는 세계에서 '여성으로서 여성을 사랑하는' 여성으로 산다는 것은 정치적 선언이 된다.

레즈비언 페미니즘의 상상력과 실천은 페미니즘에 내포된 모순적인 불가능성을 정면으로 마주한다. 여성으로서 여성을 사랑하지만/하기에/하면서 여성됨을 거부하는 성

적 반란자로서의 레즈비언은 여성의 이름으로 싸우면서 여
성연대를 실천하지만/하기에/하면서 젠더 이분법의 해체
를 꿈꾸는 페미니스트들의 모순적이고 급진적인 실천을 대
변하는 인물들이 된다. 비티그가 '도망노예'에 비유하는 이
반란자들은 손에 잡힐 듯 생생하지만 포획되지 않는 운동
성으로 이성애적 가부장제의 세계를 가로질러 질주한다.

이 책에 담긴 네 개의 글은 1970년대 미국 페미니즘의
치열하고 숨가쁜 현장에서 탄생한 레즈비언 페미니즘 정치
학의 고전들이다. 샬럿 번치, 앤 코트, 에이드리엔 리치, 모
니크 비티그의 언어와 사유는 이제 한국어로 새롭게 태어
나 독자들을 만난다. 날카롭고 예리하게 현재를 비판하는
한편 단호하고 선명하게 새로운 미래를 위한 출구를 그려
주는 레즈비언 페미니즘의 비판적 상상력은 이제 시대와
문화의 경계들을 넘어 우리 앞에 놓여 있다. 이성애가 인
간 본능의 자연적 발현이 아니라 사회문화적 제도이자 '강
제'이며 여성 억압은 제도적 차별이 아닌 강제적 이성애 자
체에 뿌리내리고 있다는 발견과 주장은 당대의 미국 페미
니즘과 게이-레즈비언 해방운동에는 물론 오늘날 한국사회
에서 페미니즘을 나침반 삼아 대안적인 삶의 양식을 만들

어가고자 치열하게 고민하고 싸우는 여성들에게도 여전히 급진적인 울림을 전한다. 스스로를 페미니스트로 인정하고 선언하는 순간 우리는 이미 '여성이 아닌' 무엇으로 조금씩 이행하는 젠더 경계의 위반자가 되기 때문이다.

오늘도 도망노예들은 경계를 가로지른다.

우리 자신을 위한 20세기의 인식론적 유산

박미선

(한신대 영문과 교수, 『시스터 아웃사이더』 『흑인 페미니즘 사상』 역자)

레즈비언 페미니스트들은 현대 여성운동과 페미니즘 이론을 일구어낸 주체다. 특히 이 책에 실린 레즈비언 페미니스트의 글 네 편은 현대 페미니즘의 중요한 방향을 설정하고 급진적 여성운동을 촉진한 글들이다. 현대 페미니즘 이론의 초석이 된 역사적 문헌인 이 글들은 여성 범주에 대한 격렬한 논쟁을 일으켰고, 이성애가 여성 억압의 구조적 조건이자 제도임을 규명했다. 자연과 본능으로 간주되던 사랑과 결혼, 가족이 생물학에 의한 것이 아니라 사회제도이며, 여성을 억압하는 남녀 관계가 사회적 권력관계의 배치에 의한 것임을 자세히 분석한다.

　이 책의 기획자 나영은 이 네 편의 글을 묶어놓음으로써 레즈비언들이 존재해왔음을 다시금 기록한다. 레즈비언의 사회적 존재는 레즈비언 텍스트를 통해서 살아남아 이번과 같은 책을 계기로 우리에게 역사적 주체로 재인식된다. 나영이 선별한 글들은 지난 세기 레즈비언 여성/페미니스트들이 우리에게 전수한 인식론적 지평의 핵심을 담은 글들이자 이론적으로 가장 영향력 있는 글들이다. 이로써 우리는 번치, 코트, 리치, 비티그와 같은 레즈비언 페미니스트들이 없었더라면 20세기의 인류가 영원히 몰랐을 (그리하여 21세기에 우리가 고되게 분투하며 찾아야 했을) 역사적 지식, 존재론, 인식론과 사회 분석틀을 전수받는다.

번치, 코트, 리치, 비티그는 다른 많은 레즈비언과 레즈비언 페미니스트들의 존재와 함께, 1960년대부터 1980년대에 걸쳐 급진적 여성운동의 흐름을 주도한 인물들이었다. 이들의 삶과 문헌은 1960년대 이후 여성운동이 레즈비언 페미니스트들의 왕성한 활동에 힘입어 조직되고 성장했음을 증언한다. 이들은 레즈비언에 대한 혐오정치를 가시화하는 데서 시작해, 레즈비언과 여성의 관점에서 사랑과 결혼, 여성 억압에 관해 사유하는 정치적 이론으로서 페미니즘을 제시한다. 이들에게 페미니즘은 역사를 생물학으로 해석하는 인식론의 여성 억압성을 규명하고, 이 세상이 남성과 여성으로만 구성되어 있다고 우기는 젠더 이분법의 폭력성을 비판하는 인식론이다. 젠더 이분법의 토대 위에서는 여성들이 스스로와 서로를 이해하지 못하게 하는 폭력적 전제가 작동한다. 이 숨은 전제를 인식하지 못하는 한 우리 스스로도 젠더 이분법의 폭력성에 가담하는 셈이다.

이 책은 여성을 억압의 피해자로만 강조하거나 '진짜' '여성다운' 여성을 운운하는 것의 위험성을 반복해 강조한다. 이 책에 선별된 레즈비언 페미니즘 문헌은 권력구조로서 젠더가 섹슈얼리티, 이성애 중심주의, 계급, 인종, 나이 등의 권력구조와도 맞물려 작동하는 것임을 일러준다. 특히 이들은 젠더가 특정한 사회규범이자 사회자원을 배치하는 권력구조이고, 개인을 특정 방향으로 사람 구실 하게 하는 훈육기계이며, 그러한 사회규범과 권력구조와 훈육의 방식을 진실이라 믿게 하는 담론이라는 점을 선구적으로 규명했다. 그 덕분에 우리는 20세기 레즈비언 페미니스트들이 남겨준 인식론적 유산을 우리가 살아가는 사회와 우리 자신을 이해하는 비판적 인식틀로 활용할 수 있다.

마지막으로 이 책의 미덕을 하나만 더 꼽자면, 프랑스 페

미니스트인 모니크 비티그의 고전적 에세이를 담았다는 점
이다. 영문 서적에서 참고 문헌으로만 만나던 비티그의 이
름난 에세이 전문을 읽을 수 있게 되니 반갑고 고마운 마
음이 앞선다.

'인종주의' 페미니즘에 반대하는 방법

나영정

(퀴어 페미니스트·인권활동가, 『배틀그라운드』 『페미니즘 교실』 공저자)

한국에서 1990년대부터 페미니즘을 공부하는 연구자들을 통해서 번역되고 조각 글로 유통되었던 서구 레즈비언 페미니즘에 관한 중요한 글들이 한 권의 책으로 묶였다. 정갈하게 번역되고, 한국적 상황과 국제적 상황을 동시에 고려한 정성스러운 해제까지 붙어 나왔다. 무엇보다 이 글을 고르고, 번역하고, 해제한 이가 나영이라는 활동가이기에 의미가 더 크다.

레즈비언 페미니즘은 서구 페미니즘의 사조와 흐름 중 하나로서, 1960년대부터 여성운동과 성소수자 운동의 현장에서 촉발된 경험과 갈등, 논쟁을 통해서 이론으로 만들어져왔다. 인종차별 반대운동을 비롯한 다양한 사회정의

운동과도 물론 영향을 주고받았다. 그렇다면 한국에서는 레즈비언 페미니즘이 어떻게 출발하고 지속되어왔나? 여성학이라는 학문이 대학 안에 자리 잡으면서 서구의 이론을 수용하고 재해석해나가며 이론을 생산하기 시작했고, 이러한 이론을 운동과 삶에 적용하고 실천하는 사람들에 의해 그 이론이 꾸준히 도전받으며 재생산되어왔다. 레즈비언 페미니즘도 마찬가지였다.

나는 20여 년간 페미니즘을 학습하고 실천하는 그룹에 몸담으면서(하지만 그곳이 내가 소속된 유일한 그룹이었던 적은 없다) 2000년 이후 지금까지 주로 서울 지역과 온라인에서 레즈비언 페미니즘이 출현하고 지속되는 양상과 의미에 대해 관찰하거나 그 활동에 참여할 기회가 있었다. 1990년대 말은 국가 차원의 여성정책이 시작되고 영페미니스트 운동이 활약한 시대이며 '동성애자 운동'이라는 이름으로 성소수자 운동이 본격화된 때다. 동시에 일군의 레즈비언들이 레즈비언 페미니스트라고 선언하며 이성애 중심적 여성운동과 게이 중심의 동성애자 운동, 사회의 성적 보수주의를 전면적으로 비판한 때이기도 하다. 하지만 점차 레즈비언 페미니즘은 '레즈비언'이라는 당사자주의가 부각되면서 페미니즘 현장, 여성운동에서 분리되어 주로 '소수자', '인권'의 영역에 배치되었다. 그러면서 레즈비언 문제가 '소수자 인권'이기는 하되 그다지 '여성 인권'은 아니게 된 것이다. 이러한 분리가 가져온 효과는 2000년대 레즈비언 페미니즘이 가진 분리주의와 당사자주의, 여성운동의 제도화로 인해 여성운동의 의제와 운동 방식이 협소해졌던 조건들을 재평가하는 작업 속에서 파악되어야 한다.

2020년을 맞이하는 지금은 어떤가. 지금의 레즈비언 페미니즘은 래디컬 페미니즘을 매개로 드러나는 추세이고, 래디컬 페미니즘의 이른바 생물학적 여성 우선주의를 실현하는 가장 이상적인 분리주의자로 레즈비언이 호명되기도 한다. 여성들 사이에 존재하는 차이와 권력을 파악하고 이것이 불평등과 어떻게 연결되는지를 해석하기보다, 여성 우선주의를 실현한다는 목적 아래 누가 여성이고 누가 우선성을 가져야 하는가에 대한 감각이 예민하게 발동하고 있는 시점이기도 하다. 게다가 이 감각은 트랜스젠더, 퀴어에 대한 혐오와 차별을 동력으로 조직되고 있다.

레즈비언이라는 선언 자체가 이성애 중심성에 대한 정치적 저항이라는 주장이 완전히 틀린 말은 아니다. 그러나 레

즈비언이 LGBTAIQ 중 하나의 정체성을 가리키는 언어로
자리 잡고 여성, 남성과 같은 인구학적 분류의 기능을 할
수도 있는 언어가 된 상황에서 지금 정치적으로 물어야 하
는 것은 누가 레즈비언인가가 아니라 어떤 페미니즘인가다.
저항의 대상과 지향을 면밀히 살피면서 판단해나가야 하
는 것이다. 왜냐하면 차별과 배제의 기획으로서 여성임, 레
즈비언임을 생물학적 특성에서 찾으려는 '인종주의'가 당사
자 정치와 운동을 해방을 위한 기획에서 멀어지게 할 위험
이 다분하기 때문이다. 이 시대 페미니즘의 사명은 이 위험
에 대처하는 방법을 찾아내는 것이다. 우선 이전 시대를 역
사화하는 가운데 변화의 조건들을 파악함으로써 지금 할
수 있는 일과 해야 하는 일을 찾아내야 한다. 엮고 옮긴 나
영의 해제는 페미니즘 역사를 통해서 지금 여기서 무엇을
할 수 있을지, 무엇을 해야 하는지를 찾으려는 고군분투다.

한국의 레즈비언 페미니즘은 법제도에 포섭되지 않고,
질서와 보호를 거부하며, 독립적으로 섹슈얼리티를 말하고
실험하는 움직임으로 시작되었지만, 그 유효성을 페미니즘
과 인권의 이름으로 더욱 적극적으로 만들고 엄호하지는
못하지 않았나 돌아본다. 누군가는 사라지고 누군가는 적

응했으며 어떤 그룹은 갱신했을 것이다. 어쩌면 레즈비언 페미니즘은 서구와 한국에서 지난 50년간 페미니즘뿐 아니라 사회변화를 위한 여러 이론과 실천이 놓인 조건의 변화를 가장 극명하게 드러내는 역할 또한 하고 있는 것 같다. 지금 여기서 번치, 코트, 리치, 그리고 비티그의 글을 읽고 그 성과와 한계를 그려내는 나영의 작업은 지금 무엇을 할 것인가를 치열하게 고민하는 실천 자체다. 이 책이 인종주의에 반대하는 페미니즘, 해방적 기획으로서의 당사자주의, 새로운 실험과 급진적 도전을 위한 시간과 비용의 사회화에 대한 토론을 촉발하기를 절실하게 바란다.

일러두기

1. 이 책은 각기 다른 곳에 발표된 네 개의 원문을 우리말로 옮긴 것이다. 단, 프랑스어로 처음 발표된 모니크 비티그의 글은 영문판을 저본으로 삼았다.

2. 옮긴이 서문을 제외한 본문의 각주 중 내용 이해를 돕기 위해 옮긴이가 추가한 것에는 끝에 '—옮긴이'라고 덧붙였다.

3. 단행본은 『 』, 논문은 「 」, 신문·잡지 등 정기간행물은 《 》를 사용해 표기했다.

'골칫거리'에서 전복적 주체로,
레즈비언 페미니즘 논쟁적으로 읽기

'레즈비언'은 사회적으로 별로 대접받지 못하는 사람들이었다. 1970년대에 '레즈비언 페미니즘'이 등장하기 전까지 레즈비언은 여자답지 않고 자기주장 강한 (그래서 남자들에게 매력이 없는) 여성들과 페미니스트들을 비하하는 호칭이었으며, 이성애자 여성들을 중심으로 한 여성운동에서는 '골칫거리'로 취급되었다. 동성애자 운동 안에서도 남성 동성애자는 성적 주체이자 운동 주체로서 부각되었던 반면, 레즈비언은 상대적으로 비가시화된 그룹이었다. 그러나 이런 조건들에 부딪히면서 레즈비언 페미니스트들은 오히려 레즈비언이란 어떤 존재인가를 질문하기 시작했고, 그 결과 섹스, 젠더, 섹슈얼리티에 관한 논의를 크게 확장시켰다.

'레즈비언 페미니즘'이라고 해서 단순히 성적 지향이 레즈비언인 페미니스트들의 페미니즘을 의미하는 것은 아니다. 레즈비언 페미니즘은 페미니즘의 이론과 실천에서 '레즈비언', '레즈비어니즘'의 의미를 정치적·역사적으로 밝혔고, 레즈비언으로 존재하고 살아가는 것을 정치적 주체로서의 실천이자 전략으로 삼았다. 그러므로 이 책에서 '레즈비언 페미니즘'이라고 할 때는 사이에 하이픈으로 긴밀하게 연결된 '레즈비언-페미니즘'으로 이해해주기 바란다.

레즈비언 페미니스트들은 '여성'의 정의와 범주, 집단적 정체성에 질문을 제기하고, 젠더와 섹슈얼리티를 둘러싼 구조적 문제를 분석해 레즈비언의 존재를 확장시켰다. 나아가 가부장제를 넘어 이성애 중심주의를 문제시함으로써 페미니즘 실천의 방향을 급진적인 논쟁으로 이끌었다. 레즈비언 페미니스트들은 레즈비어니즘이 단순히 페미니즘 주변부의 한 분파가 아니라 페미니즘의 실천과 여성해방 전략을 위한 핵심이라고 보았다. 이들은 '여성'과 '남성'이라는 범주로는 구획될 수 없는 정치적 존재로서의 레즈비언에 주체의 의미를 부여하기도 했다. 또 이들은 '레즈비언'을 성적 지향만으로 설명되는 본질적인 정체성으로 여기기보다는 이성애를 중심으로 한 가부장제의 역사 속에서 의도적으로 억압받도록 구분된 범주, 남성과의 관계 속에서 전제되는 '여성'이라는 젠더 범주를 넘어서는 존재, 혹은 스스로 자각하지 못하도록 세뇌되어온 여성 간 연대와 여성들의 연대기年代記의 다른 이름으로 분석하기도 했다. 이와 같은 흐름에서 '레즈비언'과 '레즈비어니즘'은 이론적·실천적·정치적으로 다채로운 의미를 지닌다.

이 책은 『페미니즘 선언: 레드스타킹부터 남성거세결사단까지, 드센 년들의 목소리』와 함께 읽기를 권한다. 그 책에 실린 아홉 개의 선언문을 통해 1970년대 미국에서 펼쳐진 급진주의 페미니즘의 주장과 맥락을 따라가본 후 이 책을 읽으면 글의 내용을 파악하는 데 더욱 도움이 될 것이다.[1]

---

1. 『페미니즘 선언』(현실문화, 2016)과 함께 『나쁜 여자 전성시대』(이매진, 2017)도 추천한다. 미국 1970년대 당시의 시대적 맥락과 사회운동의 배경, 동시대에 활동했던 여러 급진 페미니즘 조직들의 활동과 논쟁의 궤적을 흐름에 따라 폭넓게 파악할 수 있다. (책 뒤에 실린 미주와 부록도 꼭 읽어보시기를!)

이 책 『레즈비언 페미니즘 선언』에서 소개하는 각 글의 필자인 네 명의 레즈비언 페미니스트는 1969년부터 1980년 무렵까지 레즈비언 페미니즘의 이론적 기반을 만들고 논쟁을 이끌었던 이들이다. 네 개의 글은 각기 다른 입장에서 레즈비언과 레즈비어니즘, 페미니즘을 다루고 있으며, 서로 논쟁적인 관계를 형성하기도 한다. 따라서 단순히 글의 집필 연도에 따르기보다는 논쟁의 흐름이 연결될 수 있도록 글을 배치했다. 무엇보다 이 글들은 단순히 필자들 개인의 이론적 성과가 아니라 폭풍우 같은 당시의 논쟁 현장에서 치열하게 부딪치는 가운데 집필된 글이다. 따라서 당시 운동의 맥락 및 사회적 배경과 함께 읽어낸다면 더욱 생생하게 다가올 것이다.

의미를 읽어내는 것만큼 한계를 읽어내는 것 또한 중요하다. 레즈비언 페미니즘은 짧은 시기에 폭발적인 논쟁을 이끌어낸 만큼, 이후 페미니즘뿐 아니라 퀴어 이론과 실천에도 중대한 영향을 많이 미쳤다. 여기 실린 글들의 쟁점과 연결해 이후 전개된 페미니즘과 퀴어 이론에서의 논쟁을 함께 살펴보기를 추천한다.

레즈비어니즘은 정치적 선택이다

: 샬럿 번치의 「반란을 일으키는 레즈비언들」 읽기

샬럿 번치는 레즈비어니즘을 여성해방을 위한 정치적 실천으로서 정식화하는 데 중대한 영향을 미친 인물이다. 이 책의 첫 번째 글로 실린 「반란을 일으키는 레즈비언들Lesbians in Revolt」은 1972년 1월, 샬럿 번치가 창립한 레즈비언 페미니스트 조직 퓨리스The Furies의 기관지에 처음 게재되었고, '정치적 레즈비어니즘'으로 명명된 실천의 의미를 직접적으로 다루고 있다.

이 글을 읽기 전에, 먼저 이 책에 실린 네 편의 글 모두에 어떤 식으로든 영향을 미친 선언문인 「여성과 동일시하는 여성Woman-Identified Woman」[2]에 관해 알아두면 도움이 된다. 급진레즈비언들Radicalesbians이라는 이름으로 작성된 이 글은 1970년 5월 1일 뉴욕에서 열린 2차 여성 단결회의the Second Congress to Unite Women에서 '연보라색 골칫거리: 게이해방전선 여

---

2. 이 글은 『페미니즘 선언』에 「레즈비언 페미니즘 선언문」이라는 제목으로 번역되어 실려 있다. 'woman-identified woman'이라는 개념은 여성이 남성 중심적 사회의 논리를 따라 남성과 동일시하는 관습을 벗어나 주체적으로 여성이 된다는 의미에서 '여성과 동일시하는 여성', '여성으로 정체화한 여성' 등으로 번역된다.

성들과 급진 레즈비언들The Lavender Menace: Gay Liberation Front Women and Radical Lesbians'이 벌인 기습 항의시위와 함께 현장에서 배포되었다.

'연보라색 골칫거리'라는 명칭은 1969년 전미여성기구NOW, the National Organization for Women의 대표였던 베티 프리단Betty Friedan이 사용했던 용어를 전복적으로 재전유한 것이었다. 레즈비언들이 너무 '남성스럽고', '남성 혐오적'이어서 여성운동에 대한 신뢰성을 떨어뜨리고 남성들과의 중요한 정치투쟁에서 설득력 있게 싸우고 승리하는 데 위협이 된다고 생각한 베티 프리단이 레즈비언들을 '연보라색 골칫거리'라고 칭했기 때문이다. 수전 브라운밀러는 이후 《뉴욕 타임스》에 기고한 칼럼에서 베티 프리단의 말을 인용하며 이렇게 쓰기도 했다. "레즈비언 문제에 과민반응을 보인 운동 진영과 일부 전투적인 레즈비언들의 존재 때문에 한때 베티 프리단은 레즈비언이 여성의 권리에 대한 이미지를 왜곡시킬 우려가 있다며 '연보라색 골칫거리'라는 불평까지 했다. 하지만 아마도 이 연보라색 청어[중요한 것으로부터 관심사를 다른 데로 돌리게 한다는 의미의 'red herring'에 비유한 것]는 확실히 실질적 위험이 되는 것 같지는 않다."[3]

결국 전미여성기구는 1969년 11월에 열린 1차 여성 단결회의의 후원 단체 목록에서 레즈비언 그룹인 빌리티스의 딸들Daughters of Bilitis을 삭제해버렸고, 레즈비언 페미니스트인 리타 메이 브라운Rita Mae Brown은 전미여성기구의 행태에 항의하며 1970년 2월 뉴욕 지부 소식지 편집자 자리를 사임했다. 이후 리타 메이 브라운과 신시아 펑크Cynthia Funk 등이 주도하고 '게이해방전선'에서 활동하던 레즈비언들과 '급진레즈비언들'의 멤버들이 함께 작성한 선언문이 바로 「여성과 동일시하는 여성」이다.

「여성과 동일시하는 여성」은 레즈비언을 페미니스트이자 여성해방을 위한 정치적 주체로서 천명한 최초의 문서였다. 이 선언문은 레즈비언이 단지 성적인 존재일 뿐이거나 '억압된 남성성'을 지니고 이성애자 성역할이나 따라 하는 존재가 아니라 오히려 남성과 관계를 맺지 않음으로써 진정으로 여성에게 헌신하고 여성을 사랑하는 여성, 억압자인 남성의 이해관계에 자신을 동일시하지 않는 여성, 남성이 아닌 여성의 기준에 따라 자신을 정의하는 여성이라고 주

<hr>

3. Susan Brownmiller, "Sisterhood Is Powerful," *The New York Times*, March 15, 1970.

장했다. 이로써 레즈비언은 페미니즘에 위협이 되는 존재이
거나 주변부에 머무는 존재가 아닌 페미니즘 실천의 핵심
주체가 된다. 이 책에 실린 네 편의 글에서도 계속해서 확
인하게 되겠지만 이 선언문은 레즈비언 페미니즘을 태동시
키는 데 강한 영향력을 미쳤고, 그런 만큼 이후 레즈비언이
어떤 존재인지, 레즈비어니즘을 정치적으로 실천한다는 것
은 어떤 의미인지 등에 대해 많은 논쟁을 불러왔다.

샬럿 번치의 「반란을 일으키는 레즈비언들」은 서두에서
다음과 같은 문장들로 「여성과 동일시하는 여성」의 주장을
그대로 반영하고 있다.

모든 사람과 제도를 부자, 백인 남성의 이익을 위해 정의하
는 우리 사회에서 레즈비언들은 반란을 일으키고 있다. 그
녀들은 여성의 관점에서 자신을 정의하며, 여성이 느끼고
행동하고 보고 살아가는 방식에 대한 남성의 정의를 거부하
기 때문에 반란을 일으키는 것이다. 여성들을 모욕하고 멸
시하는 문화 속에서 레즈비언이 된다는 것은 스스로를 사
랑한다는 의미다. 레즈비언은 남성의 성적·정치적 지배를
거부하며, 남자들의 세계, 남자들의 사회조직, 남자들의 이

데올로기, 여성이 열등하다는 남자들의 정의에 도전한다. 레
즈비어니즘은 남성이 우월하다고 선언하는 사회에 맞서 여
성을 첫 번째로 놓는다.

그리고 이어서 다음과 같이 씀으로써 「여성과 동일시하
는 여성」에서 한 걸음 더 나아가 레즈비어니즘이 '체제를
무너뜨리는 데 가장 중요한 실천'이라고 주장한다.

레즈비어니즘은 남성우월주의의 중심부를 위협한다. 우리가
정치적으로 깨어 있고 조직되는 것은 성차별주의, 인종주의,
자본주의, 제국주의 체제를 무너뜨리는 데 가장 중요한 일
이다.

따라서 번치의 주장에서 레즈비어니즘은 "성적 선호만을
의미하지 않으며, 정치적 선택"이다. 레즈비언은 남성과 관
계를 맺지 않음으로써 남성 중심의 권력 체계가 유지되는
질서를 거부하고 그에 도전하는 존재다. 그러나 이런 실천
을 하기 위해서는 단지 레즈비언이 되는 것만으로는 부족
하다. 레즈비어니즘은 여성들끼리 섹스를 함으로써가 아니

라 이성애적 관계나 제도와 단절함으로써, 남성우월주의를 종식시키고 남성 중심의 체제를 위협하는 운동을 구축하는 행동으로 이어져야 하기 때문이다.

번치의 주장에서 이성애는 남성우월주의와 이를 통한 성적·인종적·계급적 억압의 체제를 유지시키는 핵심 장치다. 이 글에서 특히 주목해야 할 것은 그녀가 남성-이성애 중심의 체제를 분석하면서 이를 경제체제에 관한 논의로까지 확장시켰다는 점이다. 번치는 이성애 제도를 여성 억압의 토대라는 측면에서 파악하는 데 그치지 않고, 성관계, 결혼, 가족제도, 노동 등 광범위한 영역에서 남성우월주의를 강요하고 관리하고 유지시키는 핵심 장치라고 보았다. 따라서 레즈비어니즘은 남성 권력에 대한 도전이자 이성애 특권에 대한 거부 행위일 뿐 아니라, 그에 기반한 경제체제를 뒤흔드는 실천이 될 수 있다. 레즈비언은 이성애 관계에서의 남성 권력에 기대지 않기 때문에 자본주의적 생산의 근간인 성별분업과 소비의 기본단위인 핵가족 구성을 거부한다. 또 스스로 자기 생계를 유지해야 하므로 2차 노동력으로서 만족하지 않고 자신의 확고한 위치를 확보하려 한다. 번치는 이러한 레즈비언의 존재와 실천이 결국 자본주의 체제에 부담을 가중시키고 경제체제를 변화시키리라 여겼다.

그러나 문제는 이런 주장이 경제체제에서 성별분업과 이성애가 작동하는 방식을 지나치게 단순화하면서 레즈비언은 '특권에 무관하므로 현재의 체제를 유지해야 할 이해관계가 없는 위치'라는 식으로 본질화했다는 점이다. 그리고 그 대척점에는 남성과의 이성애 관계를 유지하는 여성들이 놓임으로써 그들은 체제를 유지시키고 이성애 특권에서 벗어나고자 하는 실천을 방해하는 배반자가 된다. 스스로 "레즈비어니즘만으로는 충분치 않다"라고 쓰면서도, 번치는 결국 계급적·인종적으로 연결된 복잡한 맥락들을 삭제한 채 레즈비언이라는 이유만으로도 체제 전복의 정치적 주체가 될 가능성이 있다고 주장한다.

이 글이 발표된 해에 리타 메이 브라운은 번치의 주장과 맥을 같이하며 "이성애자 여성과 레즈비언의 차이는 '개혁과 혁명'의 차이"이며 "여성들을 사랑하고 지지해온 것은 레즈비언이었고, 남성과 관계를 맺어온 여성들은 적에게 부역한 것"이라고 주장하기도 했다.[4] 이후 이런 경향은 점점 심

---

4. Elise Chenier, "Lesbian Feminism," *GLBTQ Online Encyclopaedia*, ed. Claude Somers, 2004.

하게 규범화되면서 짧은 머리와 청바지, 부츠같이 비이성애적 실천을 표현하는 옷차림을 강조하거나, 모임 구성원 중 이성애자 여성의 비율을 제한하고, 모임에 아들을 데려오지 못하게 하는 등의 방식으로 이어져 많은 갈등을 일으켰다.

이 책의 두 번째 글인 앤 코트의 「레즈비어니즘과 페미니즘」은 그런 경향에 대한 비판에서 시작한다.

페미니즘은 지침이 아니라 선물이다

: 앤 코트의 「레즈비어니즘과 페미니즘」 읽기

미국 민주사회학생연합에서 활동하던 앤 코트는 1967년 뉴욕급진여성들New York Radical Women 설립 멤버로 참여한 후, 1968년 이 단체가 주최한 워크숍에서 「질 오르가즘의 신화The Myth of the Vaginal Orgasm」[5]를 팸플릿 형태로 작성해 발표하면서 폭발적인 반응을 일으켰다. 앤 코트의 「질 오르가즘의 신화」는 프로이트를 비롯한 당대 의학, 정신분석학 전문

---

5. 이 글은 '뉴욕급진여성들'이 발행하는 기관지 《두 번째 해의 노트(Notes from the Second Year)》에 네 단락 정도의 초고로 처음 발표되었고, 이를 바탕으로 워크숍에서 발표된 글이 엄청난 파장을 미친 이후 1970년에 공식 발행되었다.

가들이 남성의 성을 중심으로 연구하면서 여성의 성을 부차화하고 남성과의 성관계에서 만족을 얻지 못하는 여성들을 병리화하고 있다고 비판했으며, 여성이 클리토리스를 통해 스스로 성적 만족과 쾌락을 누릴 수 있다고 주장했다. 또 이 글은 '질 오르가즘 신화'가 여성의 성적 욕망을 억압하게 만들었을 뿐 아니라, 남성과의 성관계를 통한 성적 만족만을 정상적인 것으로 간주해 여성이 남성을 중심으로 한 관계에 종속되게 만들었다는 논의로 나아가면서 이후 '정치적 레즈비어니즘'의 중요한 실천 근거가 되었다. 결국 남성과의 성관계를 유지하는 것은 여성의 종속을 유지시키는 행위이기 때문에, 페미니스트라면 남성과의 질을 통한 섹스나 삽입 섹스를 중단하고 가부장제를 종식시키기 위해 '정치적 레즈비언'이 되어야 한다는 주장에 이르게 된다.

그러나 이후 앤 코트는 페미니스트들The Feminists과 뉴욕급진페미니스트들New York Radical Feminists을 거치면서, 자신의 글이 오히려 문제를 생물학적 본질주의로 귀결시키고 페미니스트 조직 내 구성원들의 자격을 검증하는 논쟁으로 이어지는 상황을 보며 문제를 인식하게 된다. 이 책에서 소개한

「레즈비어니즘과 페미니즘」은 앤 코트가 이 시기를 거치고 두 단체를 탈퇴하고 나서 쓴 글이다. 이 글은 샬럿 번치의 글보다 앞선 1971년에 발표되었지만 샬럿 번치의 글과 같은 주장이 지니는 한계와 문제점을 지적하고 있으며, 「여성과 동일시하는 여성」 이후 다양한 페미니스트 그룹 내에서 확산되었던 논쟁과 갈등을 정면으로 다루고 있다.

첫 번째로 다루는 논쟁은 레즈비언의 정의에 관한 것이다. 이성애 제도와 남성우월주의에 맞서는 실천으로서 '정치적 레즈비어니즘'을 강조하는 것은 페미니즘에서 레즈비언이 인정받고 영향력을 키울 수 있게 했지만, 다른 한편으로는 '성적 주체로서의 레즈비언'이라는 의미를 상대적으로 약화시켰다. '여성을 성적으로 사랑하는 것은 아니지만 페미니즘 실천을 위해 남성과 섹스를 하지 않는 여성'과 '페미니즘과는 상관없이 자신의 성적 지향으로서 여성을 사랑하고 여성과 섹스하는 여성' 사이의 구분은 모호해졌고, 오히려 정치적 주체로서의 레즈비언이 강조될수록 레즈비언의 의미는 더욱 규범화되어갔다.

「여성과 동일시하는 여성」이 발표될 때 이를 주도한 레즈비언들은 이성애자 페미니스트들이 레즈비언을 '과잉 성애

화'된 존재라거나 '남성 역할을 따라 하는' 존재로 규정하
는 태도에 맞서고자 했다. 그러나 아이러니하게도 그 선언
문 발표 이후 확산된 '정치적 레즈비어니즘'이라는 실천은
레즈비언 문화를 남성성과 여성성이라는 규범적 틀 안에서
해석하게 만들었고, 여성해방운동에 대한 헌신 여부를 기
준으로 레즈비언으로서의 자격을 평가하게 만들었다. 또는
레즈비언이라는 사실 자체가 원래부터 급진 페미니즘을 실
천하는 전위적인 존재라는 식으로 레즈비언을 과도하게 이
상화하거나 본질화하기도 했다. 앤 코트는 이런 논쟁을 다
루기 위해 먼저 이 글에서 레즈비언의 정의를 '여성과 성적
관계를 맺는 여성'이라는 단순한 정의로 제한한다.

　이어서 앤 코트는 "생물학이 성역할을 결정하지 않는다"
라는 분석이 급진주의 페미니즘의 기본 입장이었음을 상기
시킨다. 따라서 "남성은 생물학적으로 남성이기 때문에 억
압자인 것이 아니라, 생물학적 차이를 기반으로 자신의 패
권을 합리화하기 때문에 억압자가 되는 것"이며, "'남자는
적이다'라는 주장은 오직 남성이 남성으로서의 패권적 역
할을 수용하는 한에서만 진실"이라고 하며 급진주의 페미
니즘이 남성성과 남성의 억압에 대해 다룰 때 이를 생물학

적 본질주의로 다시 환원시켜서는 안 된다는 점을 분명히 짚고 있다.

이에 대한 코트의 지적은 두 번째 주제인 레즈비언 '부치', '펨' 문화를 둘러싼 논쟁으로 이어진다. 당시 급진주의 페미니즘 내부에서 일부 레즈비언 페미니스트들은 레즈비언 커뮤니티의 '부치', '펨' 문화에 대해 '부치'는 남성성을, '펨'은 여성성을 흉내 내는 것으로 보고, 그 문화가 가부장제를 영속시키고 페미니즘에 해로운 영향을 미친다고 비판했다. 그러나 코트는 이에 대해 페미니스트들이 레즈비언을 병리화하는 태도에서는 벗어났을지 몰라도 부치, 펨을 비롯해 동성애 문화의 일부를 과도하게 병리화하고 있다고 비판한다. 또 동성애 문화에서 누군가가 자신과 생물학적으로 다른 성별의 행동을 모방하는 듯한 모습을 보인다고 해도 역할 수행이란 드래그[6]일 뿐 본질적으로 역할을 수행하는 사람과 그 역할이 동일하다고 볼 수는 없다고 지적한다.

---

6. 드래그(drag)는 하위문화이자 공연예술의 일부로, 사회적으로 전형화된 남성성, 여성성의 모습을 과장되게 표현해 자신의 성별과 다른 성별의 모습을 연기하는 것을 말한다. 남성이 여성성을 연기할 경우 '드래그퀸', 여성이 남성성을 연기할 경우 '드래그킹'이라고 하며, 트랜스젠더와는 다르다. 또 드래그를 연기하는 사람이 모두 성소수자인 것은 아니다.

다만 코트는 성역할을 넘어 '남성적' 행동과 '여성적' 행동 양쪽의 긍정적인 면을 탐구하며 관계의 평등함을 실현하는 방향을 만들자고 제안한다.

세 번째 논쟁은 레즈비언이 된다는 것 혹은 레즈비어니즘을 실천하는 것이 곧장 급진주의 페미니즘의 전위 역할과 동일시될 수 있느냐는 것이다. 코트는 레즈비언이 페미니즘 운동이 존재하기 이전부터 성역할에 균열을 내왔고 남성을 필요로 하지 않는다는 이유로 레즈비언을 페미니즘 실천의 선봉으로 이상화하거나 본질화하는 것은 개인적 실천 행위와 정치적 행동을 혼동하는 것이라고 비판한다. 또 레즈비언은 남성을 전혀 필요로 하지 않는다는 생각도 잘못되었다고 지적한다. 개인적으로 남성과 관계를 맺지 않는다고 해도 사회적·정치적으로 남성들과의 관계 속에서 살아가기 때문에, 중요한 것은 이 구조를 바꾸기 위한 실천이라는 점을 다시 한 번 강조하는 것이다. 동성애자 운동에 대해서도 코트는 당시의 운동이 근본적인 문제를 건드리기보다는 '성적 선호의 자유'를 보장받기 위한 시민권 운동에 머무르고 있음을 지적한다. 그녀는 동성애 억압의 진짜 뿌리가 성차별주의에 있으므로 급진적인 동성애자라면 페미니스트가 되어야 한다고 주장한다.

이어서 양성애에 대한 논쟁으로 넘어가는데, 여기서 코트는 정체성을 단일하고 동일한 것으로 다루는 경향에 대해 확실히 비판적인 견해를 보인다. 당시 '여성해방을 위해서는 남성과의 관계를 단절해야 한다'고 주장하던 여러 급진주의 페미니즘 조직에서 양성애는 남성과의 관계를 단절하지 못하고 책임을 회피하는 행위로서 비판되었다. 코트는 이런 태도가 오히려 다른 정치적 문제들에 앞서 파트너의 성별에 쟁점을 집중시키는 차별 행위에 가깝다고 보았다. 이성애 중심의 세계에서 그에 대항하는 문화와 정체성을 형성할 수는 있지만, 그것이 곧장 양성애에 배타적인 태도로 이어져야 할 이유는 없다는 것이다.

같은 맥락에서 코트는 「여성과 동일시하는 여성」에 대해서도 비판적인 관점을 취한다. 여성이라는 정체성을 규정하고 성역할을 부여해온 사회와 싸우는 실천이 페미니즘이라면 새로운 정체성의 틀로 여성들을 다시 가두는 태도도 거부되어야 한다. 코트는 누구와 관계를 맺는지를 통해서가 아니라 자율적으로 자신의 정체성을 찾아가는 여성들의 연대가 페미니즘이 되어야 한다고 주장한다.

또 한 가지 코트가 강하게 비판하는 것은 '개인적인 것이 정치적인 것이다'라는 주장을 오용하며 획일적인 기준으로 다른 여성들을 비난하거나 배제하는 태도다. 남성과 관계를 맺고 있다는 이유로, 아이를 원한다는 이유로, 미니스커트를 입는다는 이유로 다른 여성을 '여성해방에 방해가 되는 존재'로 비난하는 이들에게 코트는 "페미니즘은 지침이 아닌 선물"이라고 응수하며 토론의 장을 없애버려서는 안 된다고 이야기한다.

「질 오르가즘의 신화」에 비해서는 많이 알려지지 않았지만, 코트의 이 글에는 당시 급진주의 페미니즘 운동 한가운데에서 여러 조직을 거치며 논쟁과 분열을 경험했던 그녀의 고민들이 고스란히 드러나 있다. 이 글에서 지적한 급진주의 페미니즘 조직들의 태도가 이후 레즈비언 분리주의와 문화주의 페미니즘으로 이어졌던 상황을 고려하면, 코트의 우려는 매우 깊었으리라 짐작할 수 있다.[7] 한편으로 배타적

---

7 문화주의 페미니즘은 '여성적인' 문화와 '남성적인' 문화로 간주되어온 것들의 가치 평가를 전복시키고자 했다. 따라서 남성과 여성의 생물학적·본질적 차이를 강조하고, 근본적으로 폭력성을 지닌 남성 문화와 분리·단절하여 자연친화적이고 평화로운 여성들만의 공동체에서 여성성과 모성, 자매애를 통해 여성해방을 이룰 수 있다고 보았다. 그리고 이를 위해 성적으로도 남성과의 관계를 완전히 단절하고 자기성애와

정체성을 강조하는 운동에 관한 논의나 드랙에 대한 언급 등은 이후의 퀴어 이론과 만날 가능성을 열어주기도 했다.

모든 여성은 레즈비언 경험으로 연결되어 있다

: 에이드리엔 리치의 「강제적 이성애와 레즈비언 존재」 읽기

「강제적 이성애와 레즈비언 존재」는 시인이자 레즈비언 페미니스트였던 에이드리엔 리치가 1980년에 발표한 논문이다. 리치는 레즈비언을 예외적인 '성적 일탈'의 존재로 여기거나 하나의 라이프스타일로 여기는 논의들, 또는 남성 혐오에 따르는 차선의 선택 정도로 여기는 논의들을 강하게 비판하면서 이 글을 시작한다. 그리고 '레즈비언 존재'와 '레즈비언 연속체'라는 용어를 통해 레즈비언이 여성 간 성애적 경험을 넘어 모든 여성들의 삶과 역사 속에 존재해왔

동성애만을 실천해야 한다고 강조했다. 문화주의 페미니즘은 성차에 대한 본질주의적 인식을 강화하고, 섹슈얼리티의 경험을 확장하기보다는 위험하고 배타적인 것으로 다루었다는 비판을 받았다. 앤 코트는 주로 「질 오르가즘의 신화」를 통해 정치적 레즈비어니즘과 문화주의 페미니즘의 원류가 되었다고 소개되지만, 앞서 설명했듯이 글을 보면 당시 나타났던 레즈비언 분리주의와 문화주의 페미니즘의 경향에 대해 심각하게 우려하고 있었다는 점을 알 수 있다.

다는 사실을 증명하고자 한다. 성적 불평등뿐 아니라 '강제적 이성애'가 여성들의 역사에서 레즈비언 경험의 연속성을 지우고, 여성들이 이 경험을 부인하며 '이중생활'을 하도록 만들어왔다는 것이다. 리치는 강제적 이성애를 통해 여성이 남성에게 종속되는 문화가 지속적으로 보증되어왔으며, 여성들의 섹슈얼리티가 부정되고 남성 중심의 섹슈얼리티만이 강제되었다고 주장한다. 그리고 강제적 이성애 덕분에 남성 권력은 여성들의 노동을 통제하거나 착취하고, 여성들을 거래의 대상으로 삼고, 여성의 사회적 지식과 문화적 성취를 가로막는 등 폭력과 착취를 지속할 수 있다고 보았다. 리치의 주장에 따르면 강제적 이성애가 추동한 여성들의 이중생활 속에서 삭제되어온 여성 간 유대의 경험, 여성들의 자율적이고 독립적인 실천과 저항은 레즈비언 연속체 개념을 통해 복원할 수 있다.

한편 리치는 자신의 이론에서 젠더 문제를 가장 근간에 두고 섹슈얼리티 역시 그에 연동되어 통제되는 것으로 배치했다. 따라서 레즈비언 여성의 역사성과 경험을 동성애자 남성의 것과 같다고 치부하는 인식에 대해 강한 어조로 비판하는 반면, 이성애자 여성과는 공통된 조건과 경험을 지

닌 역사적 연속체 안에 있다고 강조한다.[8]

역사적으로 레즈비언들은 남성 동성애의 여성 버전으로 '포함'됨으로써 정치적 실존을 박탈당해왔다. 둘 다 낙인찍혀 있다는 사실을 들어 레즈비언의 존재를 남성 동성애와 동일시하는 것은 여성의 현실을 한 번 더 삭제하는 처사다. '동성애자' 또는 '게이'로 낙인찍힌 그 여성들을 예속에 저항하는 여성들의 복잡한 연속성으로부터 분리해 남성적 양식에 붙이는 것은 우리 역사를 위조하는 일이다.

리치의 글은 한편으로 이성애 중심적이고 남성 중심적인 시각에서 비가시화되거나 삭제되어온 여성들의 유대와 저항의 경험을 드러내고, 다른 한편으로는 이성애 제도 안에서 의미화되지 못했던 여성 간 성애적 경험을 레즈비언 경험으로 재해석할 수 있게 해주었다.

---

8. 그러나 리치는 이후 자신의 입장을 수정한다. "나는 이제 우리가 레즈비언 존재로서 갖는 특유하게 여성적인 측면과 게이 남성들과 공유하는 복잡한 '게이' 정체성 모두로부터 배울 것이 많이 있다고 생각한다." Adrienne Rich, *Blood, Bread and Poetry: Selected Prose 1979-1985* (New York: W. W. Norton, 1986). 애너메리 야고스, 『퀴어이론 입문』, 박이은실 옮김(도서출판여이연, 2012)에서 재인용.

그러나 리치의 관점은 이후 많은 레즈비언과 페미니스트들에게 비판을 받기도 했다. 우선 리치의 주장에 따르면 레즈비언 정체성은 강제적 이성애 제도하에서 레즈비언 연속체 안팎을 오가는 여성 공통의 경험을 통해 설명되는 것이다. 따라서 이성애 제도 안의 여성들과 레즈비언 여성들 사이에 존재하는 실질적 불평등의 문제를 가리고, 레즈비언의 성적 실천이 가지는 의미를 희석한다는 비판이 가능하다. 레즈비언들은 강제적 이성애와 남성으로부터의 억압뿐 아니라 자신의 성적 실천 자체로도 다양한 억압과 위협, 배제와 낙인을 경험하기 때문이다. 그럼에도 레즈비언의 성적 경험을 희석하면서 여성 간 우정이나 모성적 경험 안에서의 연결성을 강조한다면, 여성들 사이에도 분명히 존재하는 이성애 중심주의의 권력 문제를 부차화하는 셈이다. 같은 맥락에서 레즈비언 연속체 개념이 레즈비어니즘 자체의 역사와 문화를 비가시화함으로써 레즈비언이 당면한 다양한 물적 조건이나 사회적 배경, 동성애 운동과의 관계 등을 무시한다는 비판도 제기되었다.

다른 한편으로는, 강제적 이성애가 남성 중심 권력구조의 원천임을 강조하기 위해 남성의 폭력성과 성충동을 본질적인 남성 섹슈얼리티로 파악하는 반면, 모성 경험과 여성적 특질에 근거해 레즈비언 연속체의 의미를 설명해 생물학적 본질주의로 회귀한다는 비판도 일었다. 리치는 '강제적 이성애'라는 개념을 통해 이성애가 단지 '정상적인 성적 선호'가 아니라 역사적·제도적·문화적으로 여성 간 성애적 경험을 병리화하며 여성들의 유대와 저항의 경험을 억압하고 삭제함으로써 유지되어온 체제임을 드러낸다. 하지만 동시에 젠더 문제를 강조하는 방식으로 이를 설명하며 섹슈얼리티를 젠더에 환원시키고 있다. 그로써 여성의 적극적인 성적 실천과 여성 간 다양한 에로티시즘은 다시 부차화된다. 결국 이와 같은 특징들 때문에 리치의 이 글은 이후 레즈비언 페미니즘이 레즈비언 분리주의와 문화주의 페미니즘으로 향하는 경향을 더욱 강화하는 결과로 이어지기도 했다.

젠더 범주를 넘어 이성애 시스템을 무너뜨려야 한다

: 모니크 비티그의 「누구도 여성으로 태어나지 않는다」 읽기

모니크 비티그는 프랑스의 작가이자 대표적인 레즈비

언 페미니스트 활동가다. 비티그는 1971년에 파리 최초의 레즈비언 그룹 붉은 다이크들Gouines rouges을 결성했고, 급진주의 페미니스트 조직인 혁명적 여성주의자들Féministes Revolutionary의 활동에도 참여했다. 「누구도 여성으로 태어나지 않는다」는 비티그가 1980년에 발표한 글로, 시몬 드 보부아르가 『제2의 성』에서 언급한 '누구도 여성으로 태어나지 않는다'라는 개념을 적극적으로 이론화해 "레즈비언은 '여성'이 아니다"라는 선언을 도출해내고 있다.

비티그는 계급과 주체에 관한 유물론적 분석을 검토하며 젠더의 구분과 범주 자체를 뒤흔든다. 보부아르가 말했듯이 "여성으로 태어나는 것이 아니라 만들어지는 것"이라면, '여성'은 자연적이고 본질적인 범주가 아니라 특정한 필요에 따라 인위적으로 규정된 범주이며, 그 존재를 규율하기 위해 만들어진 개념이다. 남성의 폭력성과 여성의 모성이나 친연성, 비폭력성을 대비시키며 이를 남녀의 본질적인 성향으로 환원시키는 운동의 흐름을 만들어가고 있던 당시의 레즈비언 분리주의나 문화주의 페미니스트들에 대해 비티그는 "우리를 억압하는 사회현상을 자연화할 뿐 아니라 변화 불가능한 것으로 만들고 있다"라고 비판한다.

비티그의 논증에 따르면 '남성'과 '여성'은 생물학적 특징
이나 본질적인 성향에 따라 구분되는 범주가 아니며, 사회
적 필요에 따라 이미 '젠더화된' 범주라고 볼 수 있다. 일례
로 출산은 여성의 생물학적 기능이 아니라 새로운 노동력
의 생산을 유지하고 인구를 통제하기 위해 여성들에게 강
제되어온 노동이다. '아이를 낳는 존재가 여성'인 것이 아니
라, '아이를 낳는 존재들이 계속 필요하기 때문에' 여성이라
는 범주를 유지시켜온 것이다. 그리고 이 '여성'들은 '남성'
과의 이성애적 관계 안에서만 자신의 존재와 위치를 확인
할 수 있게 된다. 이런 사회에서 레즈비언은 '진짜 여성'이
아니라는 의심을 받거나 '남성이 되려고 한다'는 의심을 받
아왔다. 그래서 이성애적 관계를 벗어난 혹은 거부하는 레
즈비언들은 성별 범주에서 벗어난 존재가 된다. 비티그에게
이는 단순히 레즈비언이 여성 역할을 거부한다는 차원의
의미가 아니다. 성별 범주를 거부하고 벗어남으로써 이 범
주를 유지시키는 경제적·이데올로기적·정치적 권력을 거
부하는 것이다.

이런 문제의식에서 비티그는 '여성은 원래 비폭력적이므
로 더 훌륭하다'라는 식의 개념으로 페미니즘 운동을 이끌

어나가는 것 역시 바람직하지 않다고 본다. 주어진 범주 자체를 질문하지 않는 방식은 체제 유지를 위해 의도적으로 '여성'이라는 범주를 재강화하며 페미니즘을 다시금 교착 상태에 빠뜨린다는 주장이다. 중요한 것은 '여성'이 '남성'과 마찬가지로 정치적이고 경제적인 범주이며 영원한 것이 아니라는 점을 명백히 하기 위해 이런 범주를 통해 유지되어 온 억압을 규명하는 것, 집단적 범주로서의 '여성'이 아니라 '여성 개인'의 주체성을 드러내는 것, 이로써 개인으로서 '여성들'이 지니는 계급성을 확보하는 것이다. 따라서 비티그는 페미니즘이 본질적인 성향에 따라 종족학살자로 규정되는 남성과의 싸움이 아니라 '남성 계급'과의 정치적 투쟁이며, 이 투쟁의 결과로 '남성 계급'이 사라지면 계급으로서의 여성도 더는 의미 없게 될 것이라고 보았다. 비티그는 궁극적으로 레즈비언은 이성애라는 시스템을 통해 정의된 '여성'과 '남성'의 범주를 넘어서는 존재로서, 남녀 간의 불평등한 권력관계를 바꾸는 문제를 넘어 남성과의 특정한 경제적·사회적 관계에 의해 유지되는 무급노동, 부부관계의 의무, 자녀 생산 등을 거부하고 전체 이성애 시스템 자체를 파괴하는 것을 투쟁의 목표로 삼아야 한다고 주장한다.

에이드리엔 리치가 강제적 이성애라는 개념을 통해 여성 경험의 연속성과 그에 대한 억압과 통제의 문제를 드러내고 레즈비언을 젠더의 위치에서 의미화했다면, 비티그는 리치와 완전히 다른 차원에서 여성이라는 범주 자체를 해체함으로써 이를 넘어서는 레즈비언의 위치를 규명하고 이성애 시스템을 무너뜨리자고 제안한다. 비티그의 글은 레즈비언을 지나치게 이상화하고 '여성이 된다는 것'과 '레즈비언이 된다는 것' 사이의 복잡한 관계를 단순화한다는 비판을 받았다. 그럼에도 성별 범주를 이미 젠더화된 시스템으로 분석한 점, 이성애 시스템이 이 범주를 유지시킴으로서 경제적·정치적·이데올로기적 통제를 유지하고 있음을 주장한 점에서 페미니즘과 퀴어 이론에 중대한 영향을 미쳤다.

지금 여기서 레즈비언 페미니즘을 읽는다는 것

이 책을 준비하는 동안 한국에서도 온라인과 대학을 중심으로 급진주의 페미니즘과 정치적 레즈비어니즘, 레즈비언 페미니즘에 대한 관심이 높아졌다. 분명 반가운 일이지만 논의가 지나치게 규범적이거나 배타적인 방식으로 진행되는 양상은 경계할 필요가 있다. 앤 코트가 말했듯이 "페미니즘은 지침이 아니라 선물"이다. 여성, 레즈비언, 혹은 페미니스트로서의 자격을 검증하고 구분 짓는 대신 누구나 자율적으로 자기 자신을 탐색하며 이 운동에 함께할 수 있는 방향을 만들어나갈 필요가 있다.

레즈비언 페미니즘은 단순히 레즈비어니즘과 페미니즘의 실천을 규정하는 것을 넘어 섹스, 젠더, 섹슈얼리티의 범주와 의미, 관계를 탐색하고, 남성우월주의와 이성애 시스템의 문제를 정치, 경제, 문화, 이데올로기의 측면에서 분석했으며, 다양한 논쟁을 통해 페미니즘 운동과 동성애자 운동 양측에서 인식과 행동의 방향을 제시했다. 누군가에게는 여성으로서의 공통의 경험과 자매애를 통한 레즈비어니즘 실천이 중요했던 반면, 누군가에게는 '여성'이라는 범주 자체를 본질적인 것으로 환원시키지 않고 성별 범주와 이성애 시스템을 해체시키는 과제가 중요했다.

한편 레즈비언의 성적 실천과 섹슈얼리티의 문제를 여성이라는 젠더 범주 안에 한정하는 대신 어떻게 하면 좀 더 입체적으로 드러낼 것인지, 여성 혹은 레즈비언으로서의 정체성과 경험이 계급, 인종, 장애 등의 다른 구조적 문제들과 교차할 때 그 차이를 어떻게 다룰 것인지, 성별 정체성과 성적 지향의 문제를 고정된 정체성으로 다루는 대신에 이에 영향을 미치는 다양한 사회구조와 권력의 작동에 어떻게 함께 대응해나가며 새로운 변화를 만들어갈 것인지, 레즈비언은 생산과 재생산, 노동의 구조에서 어떤 위치에 있으며 어떻게 전복적 실천이 가능한지 등의 질문과 과제들은 레즈비언 페미니즘이 충분히 다루지 못한 주제들이기도 했다.

따라서 이 책은 반드시 페미니즘과 퀴어 이론의 다양한 논의들 속에서 함께 읽히기를 바라고, 그 과정에서 여기 실린 글들이 던지는 물음이 한국에서도 다양한 고민과 실천으로 살아나기를 바란다.

반란을 일으키는 레즈비언들
Lesbians in Revolt

샬럿 번치
Charlotte Bunch

여성해방의 근간으로서 레즈비언 페미니스트 정치학을 발
전시키는 일은 우리의 최우선적 과제로, 이 글은 그에 관한
현재의 우리 생각을 개괄하고 있다. 모든 사람과 제도를 부
자, 백인 남성의 이익을 위해 정의하는 우리 사회에서 레즈
비언들은 반란을 일으키고 있다. 그녀들은 여성의 관점에
서 자신을 정의하며, 여성이 느끼고 행동하고 보고 살아가
는 방식에 대한 남성의 정의를 거부하기 때문에 반란을 일
으키는 것이다. 여성들을 모욕하고 멸시하는 문화 속에서
레즈비언이 된다는 것은 스스로를 사랑한다는 의미다. 레
즈비언은 남성의 성적·정치적 지배를 거부하며, 남자들의
세계, 남자들의 사회조직, 남자들의 이데올로기, 여성이 열

등하다는 남자들의 정의에 도전한다. 레즈비어니즘은 남성이 우월하다고 선언하는 사회에 맞서 여성을 첫 번째로 놓는다. 레즈비어니즘은 남성우월주의male supremacy의 중심부를 위협한다. 우리가 정치적으로 깨어 있고 조직되는 것은 성차별주의, 인종주의, 자본주의, 제국주의 체제를 무너뜨리는 데 가장 중요한 일이다.

레즈비어니즘은 정치적 선택이다

남성 사회는 레즈비어니즘을 성적 행동sexual act으로 규정하는데, 이는 여성을 성적으로만 여기는 남성들의 제한된 시선을 반영한다. 또 그들은 레즈비언들은 진짜 여성이 아니며 남성에게 삽입당해야만 진짜 여성이라고 말한다. 우리는 레즈비언이란, 자아에 대한 감각과 성적인 에너지를 포함한 모든 에너지를 여성들에게 집중시키는 여성, 즉 '여성과 동일시하는 여성'[1]이라고 말한다. 여성과 동일시하는 여성은 다른 여성들을 정치적·감정적·물질적·경제적으로 지

---

1. woman-identified woman. 억압자인 남성의 이해관계에 자신을 동일시하지 않고, 여성의 기준에 의해 자신을 정의하는 여성. 이 책의 「옮긴이 서문」을 참조하라.

지하고자 자신을 헌신한다. 그녀에게 여성들은 중요하다. 우리 사회는 남성들을 위해서만 여성의 헌신이 유지되기를 요구한다.

여성과 동일시하는 여성인 레즈비언은 억압적인 남녀 관계의 대안으로서뿐 아니라, 무엇보다 여성을 사랑하기 때문에 여성에게 헌신한다. 의식적으로든 무의식적으로든 레즈비언은 여성보다 남성을 지원하고 사랑하는 것이 여성을 억압하는 체제를 영속시킨다는 사실을 행동을 통해 깨달아왔다. 여성들이 서로에게 헌신하지 않는다면, 성적인 사랑을 포함해 전통적으로 남성에게 주어져온 사랑과 가치를 우리 자신에게는 부정하는 셈이다. 그럼으로써 우리는 스스로 '이등 계급' 상태를 받아들이게 된다. 여성들이 주된 에너지를 다른 여성들에게 쓴다면, 해방운동을 건설하는 일에 완전히 집중할 수 있게 될 것이다.

따라서 여성과 동일시하는 레즈비어니즘은 성적 선호만을 의미하지 않으며, 정치적인 선택이다. 남녀 관계는 본질적으로 정치적이기 때문이다. 남녀 관계에는 힘과 지배가 연루된다. 레즈비언은 능동적으로 그런 관계를 거부하고 여성을 선택함으로써 기존 정치체제에 도전한다.

레즈비어니즘만으로는 충분치 않다

물론 모든 레즈비언이 의식적으로 여성과 동일시하는 것은 아니며, 여성이자 레즈비언으로서 겪는 억압에 대한 보편적 해결책을 찾는 데 헌신하는 것도 아니다. 레즈비언으로 산다는 것은 남성우월주의에 대한 도전이지만, 그것으로 전부 해결되지는 않는다. 레즈비언에게든 이성애자 여성에게든 억압을 끝낼 개인적인 해결책은 없다.

레즈비언은 남녀 관계의 개인적인 억압에서 벗어나 있기 때문에 자유롭다고 생각할지도 모른다. 그러나 사회에서 그녀는 여전히 여성이고, 더 심하게는 가시적으로 드러나는 레즈비언이다. 길거리에서, 직장에서, 학교에서 그녀는 열등하게 취급되며 남자들의 힘과 기분에 좌우되는 대상이다. (나는 피해자가 레즈비언이라는 이유로 범행을 그만두었다는 강간범을 본 적이 없다.) 이 사회는 여성을 사랑하는 여성을 증오하며, 그 때문에 남성 지배에서 벗어나 자기만의 집에 있는 레즈비언들은 남성 사회의 손아귀에서 이중의 증오를 받아 괴롭힘을 당하고 내쫓겨 밑바닥으로 내쳐진다. 남성우월주의를 종식시키길 원한다면 레즈비언은 페미니스트가 되어 여성 억압에 맞서 싸워야 하며, 페미니스트는 레즈비언이 되어야 한다.

미국 사회는 우리가 정치적 반란을 일으키거나 권력을 갖지 못하게 하기 위해 개인적인 해결책을 구하도록 부추기고, 반정치적인 태도와 개혁주의를 북돋운다. 지배하는 남성, 지배하고자 하는 남성 좌파들은 우리가 억압을 종식시키고 그들의 권력에 도전하지 못하게 하기 위해 남녀 간의 섹스와 관계를 탈정치화하려고 한다. 동성애가 공공의 문제가 되자 개혁주의자들은 우리의 성정치에 대한 이해를 부차적인 것으로 치부하면서, 이를 누구와 자는지에 관한 사적인 문제로 규정해버렸다. 레즈비언 페미니스트에게 이는 사적인 것이 아니며, 억압, 지배, 권력이라는 정치적 문제다. 개혁주의자들은 우리를 억압하는 체계의 근간을 변화시키지도 못할 대책, 억압자의 손에 쥐여진 권력을 유지시킬 대책을 제공한다. 억압받는 사람들이 억압을 끝낼 수 있는 유일한 방법은 권력을 잡는 것이다. 다른 이들의 종속에 의존하고 있는 자들이 억압을 자발적으로 멈출 리는 없다. 우리의 종속은 남성 권력의 근간이다.

성차별주의는 모든 억압의 뿌리다

선사시대 최초의 노동 분업은 성별에 따른 것이었다. 남성은 사냥을 했고, 여성은 마을을 세우고 아이들을 돌보며 농사를 지었다. 여성은 집단적으로 땅, 언어, 문화와 공동체를 다스렸다. 여성들이 더 안정적이고, 평화롭고, 바람직한 삶을 만든다는 사실이 분명히 드러나자 남자들은 사냥을 위해 개발된 무기로 여성을 정복했다. 어떻게 이런 정복이 가능했는지 알 수 없으나, 제국주의의 기원이 여성에 대한 남성의 지배였다는 점은 분명하다. 여성의 몸과 여성의 봉사가 자신의 영토 혹은 소유물이라 주장하는 남성들 말이다.

여성에 대한 지배를 확보하게 되자 남성들은 이제 부족, 인종, 그리고 계급을 기반으로 그와 같은 억압을 계속해나갔다. 지난 3000년 동안 계급, 인종, 국가에 대한 투쟁이 수없이 있어왔지만 무엇도 여성해방을 가져다주지 못했다. 물론 다른 종류의 억압도 종식되어야 마땅하나, 오늘날 우리의 해방이 자본주의, 인종주의, 제국주의가 박살 나야만 뒤이어 도래할 것이라 믿을 수는 없다. 여성은 남성우월주의와 싸우는 데 집중해야만 자유로워질 수 있다.

그러나 남성우월주의에 맞서 싸우는 일은 오늘날의 계급, 인종, 국가를 토대로 한 지배 형태를 공격하는 것과도 물론 관계가 있다. 모든 집단에서 멸시당하는 레즈비언으로서는 남성들이 만든 계급, 인종, 국가에 기반해 여성들 사이를 계속해서 가르는 건 자살행위와 마찬가지일 것이다. 우리에게는 이성애자들이 갖는 특권이 없으며, 레즈비어니즘을 공개적으로 주장하는 순간 우리는 계급적·인종적 특권조차(설사 가지고 있었다 하더라도) 잃게 될 것이다. 여성으로서의 특권은 남성들과의 관계(아버지, 남편, 남자 친구)를 통해서만 허락될 테지만, 우리는 그것을 거부한다. 이는 우리 사이에 인종주의나 계급우월주의가 없을 것이라는 말이 아니다. 그러나 이런 특권적 행위를 유지시키는 구분을 해체하는 일이 이 사회에서 인종주의와 계급우월주의를 무너뜨리는 첫걸음이다. 남성들에게서 유래한 인종, 계급, 국가에 기반한 억압은 백인 남성 지배계급의 이해에 복무하며, 여성과 동일시하는 혁명에 그런 억압을 위한 자리는 없다.

레즈비어니즘은 남성우월주의에 근본적인 위협이 된다

레즈비어니즘은 남성우월주의의 이데올로기적, 정치적, 개인적, 경제적 근간을 위협한다. 레즈비언은 여성이 열등하고 나약하며 수동적이라는 거짓말을 깨부숨으로써, 여성이 남성을 필요로 하도록 '타고났다'는 것을 부정함으로써, 남성우월주의라는 이데올로기를 위협한다.

독립성을 지닌 레즈비언은 한 남자에 대한 조력을 거부함으로써 남성이 여성에게 행사해왔던 사적 권력의 기반을 약화시킨다. 이성애적 섹스에 대한 거부는 가장 개인적이면서도 보편적인 형태의 남성 지배에 도전한다. 우리는 모든 여성들에게 사적 억압에 종속되는 길보다 더 나은 길을 제시한다. 우리는 집단적이고 개인적인 남성우월주의를 종식시키고자 한다. 모든 인종과 계급의 남성들이 실생활에서 여성들의 조력과 굴복을 확신하고 우월감을 느끼기 때문에, 우리가 그에 복무하기를 거부한다면 누군가는 성차별주의적 행동을 돌아보고, 다른 인간에 대한 파괴적 특권을 무너뜨리며, 다른 남성들이 가진 특권에 맞서 싸우지 않을 수 없을 것이다. 그때 그들은 여성 억압에 의존하지 않도록 새로운 자아를 구축할 것이며, 타인을 지배할 권력을 허락하지 않는 사회구조 속에서 사는 법을 배울 수 있을 것이다.

이성애는 여성들을 분리시키며, 여성이 남성들을 통해 자신을 정의하게 만들고, 남자들과 그들의 사회적 입지에 따라오는 특권을 따내기 위해 여성들이 서로 경쟁하도록 강제한다. 여성들이 자유를 포기한다면 이성애적 사회는 그 대가로 약간의 특권을 제공하는데, 그것은 예를 들면 어머니는 존경받고 추앙받는다든가, 아내나 연인은 사회적으로 인정받으며 다소간의 경제적·감정적 안전을 얻을 수 있다든가, 남자와 함께 있을 때 길거리에서 신체적으로 보호받을 수 있다든가 하는 것들이다. 그 특권은 이성애자 여성에게 딱 그만큼의 지위를 유지하게 하는 한에서 개인적이고 정치적인 지분을 준다.

레즈비언은 남성의 요구를 받아들이지 않기 때문에 이와 같은 이성애적 특권이나 대가를 얻지 않는다. 모든 제도(교회, 국가, 미디어, 건강, 학교)가 그녀를 끌어내리려 하는 상황에서 그녀는 현재의 정치체제를 유지해야 할 이해관계가 없다. 만약 그녀가 자신을 억압하는 구조를 이해한다면 부유한 백인 남성인 미국을 조력해서 얻을 것은 하나도 없으며, 그것을 변화시키고자 하면 많은 것을 얻을 수 있음을 알 것이다. 또 여성 억압에 대한 개혁주의자들의 대안은 더욱 받아들여지지 않을 것이다.

경제는 여성 억압의 중요한 부분이지만, 자본주의와 성차별주의의 관계에 대한 우리의 분석은 끝나지 않았다. 우리는 마르크스주의 경제학이 여성 혹은 레즈비언의 역할을 충분히 고려하지 않았음을 알고 있으며, 현재 이 영역에 대한 작업도 진행되고 있다.

그러나 그 시작으로서, 레즈비언이 경제체제를 위협할 수 있는 방법은 명확하다. 이 나라에서 여성들은 생존하려고 남성을 위해 직장에서, 가정에서 일하고 있다. 레즈비언은 이런 성별분업을 근본부터 거부한다. 그녀는 남성의 소유물이 되기를, 가사와 양육이라는 무임 노동을 수행하기를 거부한다. 그녀는 자본주의 사회에서 생산과 소비의 기본 단위인 핵가족을 거부한다.

레즈비언은 자본주의 체제에서 지루한 일을 하며 잉여 노동 풀의 일부가 되도록 기대되는 수동적인 파트타임 여성 노동자가 아니기에 일터에서도 위협적이다. 그녀는 정체성과 경제적 지지를 남성으로부터 얻지 않으므로 그녀에게 일은 중요하며, 노동 환경, 임금, 승진, 직위에 대해서도 신경 쓴다. 자본주의는 안정적 고용과 적정 임금을 요구하며 전통적인 노동 착취를 거부하는 수많은 여성을 흡수하기 어렵다. 우리는 노동에 대한 우리의 불만족이 커지면 어떤 효과를 초래할지 잘 모른다. 그러나 자신의 삶에 대한 통제력을 가지려 할수록 여성들은 자신의 노동에 대한 통제권을 추구하게 될 것이고, 그럼으로써 자본주의를 더욱 압박하고, 경제체제를 변화시키려는 여성들의 힘을 키우게 될 것이다.

남성우월주의와 싸우기 위한
우리만의 운동을 구축해야 한다

남성우월주의에 대한 가장 근본적인 위협인 페미니즘적 레즈비어니즘은 성차별주의에 대한 여성해방운동의 분석을 일부 공유하며, 여기에 힘을 싣고 방향을 정한다. 현재 여성해방운동은 방향성이 결핍되어 있는데, 이는 남성우월주의를 유지하는 일에서 이성애의 중요성을 이해하는 데 실패했기 때문이며, 여성이 행동을 하고 정치적 요구를 할 때 계급과 인종에 따라 현실적으로 차이가 있다는 사실을 직시하지 못했기 때문이다. 이성애자 여성들이 레즈비어니즘을 침대에서 일어나는 일쯤으로만 여기는 한, 남성우월주의를 끝낼 수 있는 정치와 전략의 발전은 더뎌지며, 남성들이 자신의 성차별주의를 직시하지 않도록 변명거리를 줄 뿐이다.

레즈비언이 된다는 것은 이성애에 동일시하고, 이성애에 충성하고, 이성애에 의존하며, 이성애를 지지하는 관습을 끝낸다는 의미다. 레즈비언이 된다는 것은 남성들의 세계에서 부여받은 자신의 몫을 포기하고, 억압을 종식시키기 위한 투쟁 속에서 개인적으로 또 집단적으로 여성과 함께한다는 의미다. 레즈비어니즘은 해방을 여는 열쇠이며, 남성의 특권과 연결된 끈을 잘라내는 여성만이 남성 지배에 맞서는 투쟁에 진정으로 남아 있으리라 기대된다. 개인적으로든 정치 이론상으로든 남성에 묶여 있는 자들은 절대 여성을 첫 번째로 놓지 않는다. 이는 이성애자 여성들이 악마라거나 여성들을 신경 쓰지 않는다는 뜻이 아니다. 이성애의 핵심이자 정의, 본질은 '남성 먼저men first'이기 때문이다. 모든 여성은 절체절명의 순간에 그들의 자매가 이성애적 요

구에 따라 자신의 남자를 우선시하는 데서 허망함을 겪어
왔다. 그럼에도 여성들이 이성애로부터 혜택과 특권, 안전
을 얻는다면 그녀들은 어느 순간에는 그들의 자매들을, 특
히 그러한 혜택을 받지 않는 레즈비언 자매들을 배반해야
만 할 것이다.

　여성해방운동에 참여해온 여성들은 여성만을 위한 회의
와 행사들에 참여하는 일의 중요성을 알고 있다. 남성들을
대하는 일이 우리를 파편화하고 우리의 에너지를 약화시키
는 것은 분명하며, 억압자들에게 우리가 받는 억압에 대해
설명하는 것은 피억압자인 우리가 할 일이 아니다. 또 남성
들은 강제로 시키지 않는 한 자신의 남성우월주의와 대면
하지 않는다는 사실을 여성들은 함께 확인해왔다. 그런데
도 많은 여성들이 개인적으로 남성과의 우선적 관계를 지
속하고 있으며, 레즈비언들이 그들을 억압적이라고 생각하
는 이유를 이해하지 못하고 있다. 레즈비언들은 정치적으로
든 개인적으로든 우리의 정치학—'레즈비어니즘은 정치적이
다', '이성애는 남성우월주의를 지탱하는 주체다'—을 부정하는
환경 속에서는 성장할 수 없다.

　우리 레즈비언들은 성장하기 위해서 우리만의 정치운동

을 형성해야 한다. 일부만이 상징적으로 혜택을 얻는 일 이상의 변화는 우리가 처한 억압 상황을 이해하고, 그럼으로써 그것을 끝장낼 수 있는, 여성과 동일시하는 레즈비언들이 만들어갈 것이다.

레즈비어니즘과 페미니즘
Lesbianism and Feminism

앤 코트
Anne Koedt

여성 동성애는 점차 더욱 중요한 문제가 되어가고 있다. 누
군가에게 그것은 여성들이 해방을 향한 공공연한 욕망을
가지게 되어 빠르게 탈여성화되어가는defeminized 문제이며,
미국 여성들의 '정신적 남성화psychic masculinization'를 키워 불
감증을 초래하는 문제다. (…) 어떤 성과학자들은 이 탈여성
화 경향이 현대 여성의 성적 행복에 심각한 영향을 미칠 것
이라며 두려워한다. 그들은 이런 경향 때문에 많은 이들이
동성애적 사고와 라이프스타일의 영향을 받게 될 것이라고
주장한다.

－프랭크 캐프리오Frank S. Caprio M.D., 『성적 행동의 변화들Variations in
Sexual Behavior』

페미니즘은 이론이고 레즈비어니즘은 실천이다.

　─ 티그레이스 앳킨슨Ti-Grace Atkinson

거트루드 스타인은 친구들을 접대할 때 오직 남성들과만 이
야기를 나누었고, 그동안 앨리스 B. 토클라스는 숙녀들과
대화하게 했다.

　─ 시몬 드 보부아르, 『제2의 성』

오직 여성들만이 자신의 새로운 감각을 서로 나눌 수 있다.
(…) 우리는 반드시 다른 누군가에게 가능성과 지지가 되는
존재여야 하며 헌신과 사랑을 줄 수 있어야 한다.

　─ 급진레즈비언들Radicalesbians, 「여성과 동일시하는 여성Women Identified
　　Women」

나는 그녀의 가슴은 좋아하지만, 그녀의 다리는 이해하지
못한다.

　─ 질 존스턴Jill Johnston, 「레즈비언으로 몰아가기Lesbian Baiting」

레즈비언으로 몰아가기

페미니스트들은 자신의 생활에 실제로 레즈비언으로서의 삶을 적용할 것을 고려하기 훨씬 이전부터 '레즈비언'이라고 불려왔다. 이는 페미니스트들이 여성해방을 위해 정치적으로 활동하기 시작하면서 꾸준히 그 운동이 커지자 그들에게 직접적인 모욕을 주기 위해 행해진 일이었다. '레즈비언으로 몰아가기'에 대해 페미니스트들은 혼재된 반응을 보여왔다. 한편으로 페미니즘이 남성들에게 위협이 되어왔던 것은 자명한 사실이고, 그 남성들은 온갖 언어적 무기로 보복해오기도 했다. 그러나 레즈비언이라고 부르겠다는 위협은 남성과 관계 맺고 있는 여성들의 진정한 두려움, 즉 여성스럽지 않고unfeminine 여자 같지 않다unwomanly고 간주되어 거부당할지도 모른다는 두려움을 건드렸다. 남성 일반에게 거부당할지 모른다는 두려움이 더 큰 위협이기도 했다. 여성들은 남편을 통해 경제적·사회적 안전을 얻고, 남성 고용주들을 통해 생계비를 벌며, 일반적으로 남성 권력을 통해 생존하고 있으므로, 남성의 분노를 사는 것은 작은 문제가 아니기 때문이다. 여성들은 페미니즘 용어에 레즈비언이 포함되기 훨씬 전부터 이 사실을 알고 있었다. 따라서 여성들이 남성들의 은총 안에 머무르려 한다고 해서 단지 허영 때문이라거나 개인적으로 별나서는 아니다. 그것은 실제로 현실을 반영하는 것이다.

'레즈비언으로 몰아가기'가 페미니스트들에게 주는 중요한 교훈은 '여성스럽지 않은' 존재와 독립적인 존재가 남자들 마음속에서 아주 확실하게 연관되어 있음을 드러내왔다는 것이다. 여성적이지 않다고 호명되는 것은 당신이 흔들리기 시작했다고 알려주는 비교적 점잖은 위협인 반면, 레즈비언으로 호명되는 것은 당신이 여성이라는 영토 자체를 완전히 떠나고 있다고 알리는 마지막 경고다.

여성성을 위반하는 행동들은 여러 가지 형태를 취할 수 있다. 여성의 권리를 위해 정치적 활동을 하는 여성, 동료들에 비해 지나치게 똑똑한 여성, 또는 동성 친구들과 중요한 관계를 맺고 있는 여성들은 너무 자립적이고 확신에 찬 것으로 보일 수 있다. 여성들은 종종 카페에 앉아 주변 남자들에게 관심을 두지 않은 채 자신들의 대화에만 몰두하고 있다는 이유로 전혀 모르는 사람들로부터 간단히 '레즈비언'으로 호명된다. (이상하게도 남자들이 이런 식의 폭력을 자주 저지르는 대상은 꼭 가장 '여성적'으로 보이는 여자들이다. 따라서 이런 행위는 특정한 레즈비언적 행위를 집어내기보다는 여성들에게 두려움을 심어 '제자리'로 되돌려놓는 데 목적이 있는 것이다.)

개인적인 선택으로서 레즈비어니즘을 고려하는 일은 아주 다른 이유에서 발전해왔다. 많은 페미니스트들에게 성 역할 제거와 다른 여성과 서로 사랑할 가능성 사이의 논리적, 이론적 연결점은 항상 있었다. 매력을 느끼는 여성을 만났을 때, 누군가에게 그것은 현실이 된다. 다른 이들에게는 레즈비어니즘이란 일반적으로 남성들과의 관계로부터의 자유, 남성우월주의자가 아닌 '특별한' 남성들을 찾아야 하는 힘든 과제로부터의 해방을 의미했다. 또 다른 페미니스트들은 그들이 이전에 남성들과의 관계에서 발견했던 수동성과 복종성이 여성들 간의 관계에서는 조장되지 않을 것이라 여기며 여성과의 애정 관계를 긍정적인 것으로 보았다. 무엇보다 중요한 것은, 여성들이 의당 한 명의 개인으로서 다른 여성을 사랑할 수 있게 되었다는 점이다.

정의들

동성애자 인권운동과 여성해방운동 사이의 상호작용이 늘면서, 페미니스트들 사이에서는 레즈비어니즘에 대한 의식이 높아졌다. 그리고 레즈비언이 된다는 것의 정확한 의미에 대한 의견 충돌과 혼란도 따라서 증대되었다. 그것이 '자신과 같은 성별의 구성원과 잠자리를 같이하는 여성들'이라는 이성애자들의 사전적 정의보다는 더 나아간 것임은 분명했다. 어떤 여성들은 일반적 용법보다 더 엄격하게, 오직 여성들과만 섹스를 하는 여성으로 정의한다. 다른 동성애자 여성들은 레즈비어니즘이란 자신의 침실 파트너와 섹스를 한다는 정도의 개념 정의를 훨씬 뛰어넘는 의미라고 본다. 그들에게 레즈비어니즘은 "여성들과의 삶에 온 생애를 헌신하는 것"이자 "세계관과 인생살이의 총체적 시스템"이다.[1] 어떤 동성애자 여성들은 '우리는 여성해방운동이 존재하기 훨씬 이전부터 남성과 성역할을 거부해왔다'는 이유로 전위적인 급진주의 페미니즘과 그들의 레즈비어니즘을 동일시한다. 이 글에서는 레즈비어니즘이라는 용어의 의미

---

1. Anon., *Vortex* (Lawrence: Reconstruction Press).

를 '여성과 성적 관계를 맺는 여성'이라는 가장 단순한 정의로 제한해, 때때로 기본적인 정의에 추가되는 다양한 '라이프스타일' 논쟁들을 구분해서 볼 수 있도록 하려 한다.

나는 가장 먼저 해야 할 일은 급진주의 페미니즘을 정의하는 것이라고 생각한다. 내게 급진주의 페미니즘은 성역할의 완전한 제거를 주창하는 것이다. 따라서 급진주의 페미니스트는 이를 믿고 그것을 목표로 정치적으로 활동하는 사람이다. (이 정의에 따른다고 해서 급진주의 페미니스트가 성역할에 영향받지 않는 삶을 사는 것은 아니다. 그런 '해방된' 여성이란 없다.) 급진주의 페미니즘은 생물학이 운명은 아니며 남성과 여성의 역할은 학습된다는 개념을 기본 입장으로 받아들이고 있다. 사실 이 성역할은 남성의 권력과 우월적 지위를 보장하는 데 기여하는 정치적 구성물이다. 따라서 남성은 생물학적으로 남성이기 때문에 억압자인 것이 아니라, 생물학적 차이를 기반으로 자신의 패권을 합리화하기 때문에 억압자가 되는 것이다. '남자는 적이다'라는 주장은 오직 남성이 남성으로서의 패권적 역할을 수용하는 한에서만 진실이 되는 것이다.

그렇다면 레즈비어니즘과 급진주의 페미니즘의 관계는

무엇인가? 레즈비어니즘과 페미니즘에 대해 가장 최소한의 정의를 취한다 해도, 논의의 핵심이 되는 최종적인 한 가지는 생물학이 성역할을 결정하지 않는다는 것, 따라서 역할이란 배운 것일 뿐 행동에서 선천적으로 '남성적' 또는 '여성적'이라고 할 수 있는 건 아무것도 없다는 사실이다.

그러나 이런 기본적인 가정을 넘어 중요한 차이들이 있다. 급진주의 페미니즘은 자연스럽게 레즈비어니즘의 개념을 포함하지만, 동시에 그것에 대해 엄격한 의구심을 가지고 있다. 많은 급진주의 페미니스트들은 일부 동성애자 여성들이 레즈비어니즘을 급진주의 페미니즘에 가져다 붙였다는 식의 생각을 가진 채 이를 억울하게 여겨온 듯하다. (오직 '남성과의 평등한 파트너십'만을 상상하는 개혁주의 페미니즘reform feminism은 분명 진보된 남녀 관계를 염두에 두어왔지만 여성과의 성적인 관계를 포함한 사랑의 새로운 가능성을 받아들인 것은 아니었다.) 이는 너무 자주 '만약 당신이 레즈비어니즘의 개념들을 받아들인다면, 급진주의 페미니즘에서 빈번하게 엇나가는 방향으로 진행되는 모든 동성애 운동의 입장까지도 필수적으로 받아들여야 할 것이다'라는 식의 일괄 거래로서 취급되어왔다.

다음의 내용은 일부 의견 충돌이 있는 지점들이다.

동성애, 병들었거나 건강하거나

자신과 성별이 같은 사람과 섹스를 하는 사람들이 선천적으로 병든 것이 아니라는 데 동의한다고 해도, 그것이 곧 페미니즘적 관점에서 모든 동성애 행동이 건강하다고 여겨진다는 의미는 아니다. 남자같이 행동하는 레즈비언들이나 여자같이 행동하는 동성애자 남성들은 같은 역할을 수행하는 이성애자들보다 더 병든 것으로 여겨질 필요가 없는데도 건강한 상태는 아니라고 간주된다. 사회의 관점에 따르면 모든 역할놀이는 '가장'되었든 '진짜'이든 병든 것이다.

역할 전환이 나타났다는 사실, 그리고 '잘못된' 성별이 그것을 수행하고 있다는 사실이 행위의 본질을 변화시키는 것은 아니다. 화장으로 치장한 남성 동성애자들이 다른 여성들에 대해 짓궂은 발언을 하고, 남자 친구의 승인을 과도하게 신경 쓰며, 일반적으로 여성들이 받는 억압의 증상이었던 불안과 무력감을 표출한다 해도, 이런 행위들로 그들이 완전히 그 역할이 되는 되는 것은 아니며, 동일한 역할을 연기하는 여성들 역시 마찬가지다. 핵심은 그런 면에서 양쪽 다 드랙drag을 하고 있다는 것이다.

한편 모방적인 역할에 빠져들지 않는 대신 성역할을 넘어 '남성적인' 행동과 '여성적인' 행동 양편의 긍정적인 측면을 탐구하며, 그 과정에서 새로움과 평등함을 형성해내는 두 명의 레즈비언 사이는 아마도 건강한 관계일 것이다.

동성애자는 급진주의 페미니즘의 선봉인가

일부 레즈비언들이 제시한 한 가지 입장은 레즈비언이 여성운동의 선봉이라는 생각이다. 왜냐하면 1) 페미니즘 운동이 존재하기 전부터 성역할을 깼고, 2) 남성들을 전혀 필요로 하지 않기 때문이다. (어찌 됐든 그들은 혁명이다.) 다음은 이 같은 입장을 보여주는 하나의 예다.

전혀 경쟁심을 느낄 수 없는 부드럽고 친절한 무언가에 당신이 닿을 수 있도록 해주는, '우리' 자매애로부터 오는 진정한 빛을 느껴보라. 당신이 남성 사회에 불만을 느끼기 시작한 시점보다 훨씬 이전부터, 그리고 당신이 여성적인 모든 것의 충만한 잠재력을 알고 그것들에 감사하게 되기 훨씬 이전부터 존재해온 '우리'를 기억하라. 그것은 오랫동안 제대로 보지 못하고 억압당해온 자매들에게 환영의 인사를 건네는 '우리'이며, 우리는 오랫동안 남성우월주의에 맞서 싸워왔다. '우리'와 함께하라! 우리는 관계의 차이 때문에 겁먹지 않는다. 우리는 결코 사회에 저당 잡혔다고 느낀 적이 없으므로.[2]

이런 종류의 주장에서는 몇 가지가 무시되는 듯하다. 하나는 정치적 해결책과 개인을 혼동한다는 것이다. 성역할과 남성우월주의는 단순히 여성들이 레즈비언이 된다고 해서 사라지지 않을 것이다. 성차별주의를 철폐하기 위해서는 정교한 정치적 근육과 집단적 힘이 많이 필요하다. 그래서 잘하면 레즈비언 관계는 개인적 삶에서 여성들에게 더 많은 행복과 자유를 가져다줄 수 있다. (두 여성 모두 성역할을 수행하지 않는다고 가정한다면 말이다.) 급진주의 페미니스트는 단지 집에서 훌륭한 비#성차별주의자의 삶을 살기 위

---

2. "Letter," *Everywoman*, March 26, 1971.

해 노력하는 사람이 아니라 성차별적 제도를 파괴하기 위해 사회에서 정치적으로 활동하는 사람이다.

'레즈비언이 페미니즘의 선봉'이라는 주장에 함축되어 있는 또 다른 가정은 성차별주의의 한 측면인 배타적 이성애를 방해해왔기 때문에 그들은 급진적인 페미니스트라는 것이다. 자신의 역할을 거부하는 여성, 즉 어머니 되기를 거부하고 생화학자가 되기를 원하거나, 또는 단순히 남성의 자존심을 충족시켜주는 역할을 거부하는 여성이라면 누구든지 성역할 시스템에 저항하고 있다는 뜻이다. 그것은 물론 반란 행위다. 레즈비어니즘의 경우, 그러한 여성들은 반란 행위 때문에 자주 사회적으로 배척당해왔다. 그러나 그것은 체제 자체를 파괴하기를 바라는 맥락에서라야 급진적이라 할 수 있으며, 단지 남성을 거부하는 것이 아니라 성역할 시스템을 파괴하는 것이어야 한다. 사실 레즈비어니즘 안에서도 개혁주의가 있을 수 있다. 레즈비언이 '나는 남자들에게 맞서려는 게 아니야. 그들과 연관되고 싶지 않을 뿐이야'라고 말한다면, 그녀는 레즈비언이 됨으로써 그 시스템을 위반하는 반란 행위를 수행하고 있다 해도 사실은 성차별주의 시스템 안에 안주하고 있다는 뜻이다. 이런 맥락에서 "페미니즘은 이론이며 레즈비어니즘은 실천이다"[3] 같은 말은 잘못된 것이다. 연인의 성별은 급진주의 페미니즘을 암시하는 정보로서 불충분할 뿐 아니라, 누군가의 개인적 삶에 남자가 없다는 점이 그가 급진적 페미니즘을 위해 싸우는 삶을 살아가고 있다는 의미로 받아들여진다면 그것은 잘못된 암시다.

레즈비언은 남성들을 전혀 필요로 하지 않는다는 개념 또한 명확히 할 필요가 있다. 무엇보다 우리 모두는 남성 사회에서 살고 있는 여성들이기 때문에, 개인적인 관계에서 남성들을 선택하지 않는다고 하더라도 일반적으로 많은 중요한 일에서 남성들에게 의존하고 있다. 따라서 모든 여성들이 해방되기 전까지는 어떤 여성도 홀로 해방될 수 없다. 그러나 개인적인 관계에서 남성들을 필요로 하지 않는다는 의미의 주장을 취하더라도(누구든 반드시 남자가 아니더라도 사람을 필요로 하기 때문에, 이것은 여성들에게 중요한 성취가

---

3. 티그레이스 앳킨슨이 1970년에 '빌리티스의 딸들' 뉴욕 지부에서 했던 발언으로 알려져 있다. 이에 관해서는 다음을 참고하라. Katie King, *Theory in Its Feminist Travels: Conversations in U.S. Women's Movements* (Bloomington: Indiana University Press, 1995). ─ 옮긴이

될 수 있다), 여전히 질문해야 한다. 남성 역할은 폐기되었는 가? 다시 한 번 중요한 지점은 잠자리 파트너의 성별이 아니라 잠자리 파트너의 성역할이다.

시민권 운동으로서의 동성애자 운동

조직된 동성애자 운동은 개인적 성향과 무관하게 동성애자의 자유를 보호하고자 한다. 이는 복장전환자 여왕, '부치' 레즈비언, 혼인 증서를 원하는 커플, 또는 특별한 역할을 선호하지 않는 동성애자를 모두 보호한다는 의미다. 그들은 자신과 성별이 같은 사람과 섹스할 권리(즉 '성적 선호의 자유')라는 한 가지를 위해 단결해 있다.

동성애 행동의 광범위함을 통해 분명히 알 수 있듯이, 모든 성향이 성역할을 그 자체로 싫어하지는 않는다. 성역할은 고의적인 선택도 아니다. 소녀로서 성장한 소년, 또는 남성 역할로 더 사회화된 소녀는 어린 시절에 성역할을 바꿀 것을 선택한 것이 아니다. (우리 모두와 마찬가지로) 각자는 역할에 매여 있었고 그런 존재들의 발생을 경멸하는 사회에서 최선을 다해야 했다. 멀 밀러Merle Miller는 《뉴욕 타임스》 기사(1971년 1월 17일)에서 동성애자로 커밍아웃하며 이렇게 말했다. "동성애자인 건 좋다. 동성애자라는 게 자랑스럽다. 정말 그렇다. 만약 내게 선택이랄 게 있었다면(누군들 그런 게 있겠느냐만), 이성애자가 되기를 택했겠지만 말이다." 이 말의 핵심은 동성애가 병이라기보다는 그가 동성애자이기를 선택한 게 아니라는 점이다. 게다가 그가 이성애자로 훈육되었다면 사회는 더 쉽게 좋은 대우를 해주었을 것이다. 동성애자들에게 행해지는 학대와 차별을 생각한다면 이것은 쉽게 이해할 수 있는 감정이다. 이런 경우에는 사회적 학대에 굴하지 않고 동성애를 행하는 데서 오히려 용기와 반란의 에너지가 생겨난다.

동성애자 운동은 억압적인 법률을 바꿔나가고, 그와 같은 목적을 위해 일할 공직자를 선출하고, 동성애자에게 차별적인 사회적 태도들을 변화시키려 글을 쓰면서 시민권 문제를 다루고 있다. 동성애 해방운동의 쟁점은 사실 (급진적 쟁점에 반하는 것으로서의) 시민권 문제라는 것이 내 느낌이다. 왜냐하면 동성애 해방운동의 쟁점이 '성적 선호의 자유'라는 부차적인 주제를 둘러싸고 결합하고 있기 때문이다. 그러나 사실 반反동성애의 진짜 뿌리는 성차별주의다.

따라서 급진적 동성애자는 페미니스트가 되어야 한다. 성차별주의에서 동성애 억압의 뿌리를 추적할 수 있다는 사실은 급진레즈비언들의 「여성과 동일시하는 여성」에서도 잘 설명하고 있다.

먼저 레즈비어니즘은 남성 동성애와 마찬가지로, 엄격한 성역할을 특징으로 하며 남성우월주의가 지배하는 성차별적 사회에서만 가능한 행동 범주라는 점이 이해되어야 한다. (…) 남성들이 여성들을 억압하지 않는 사회, 그리고 성적 표현을 느끼는 대로 할 수 있는 사회에서는 동성애나 이성애 같은 범주는 사라질 것이다.

양성애

일부 레즈비언들이 취하는 입장 중 하나는 양성애가 책임 회피라는 것이다. 이것은 일반적으로 '모든 이성애자들이 동성애자가 될 때까지 우리는 동성애자로 남아 있을 것이다'라거나 혹은 '레즈비어니즘은 여성들과 성관계를 갖는 것 이상을 의미한다. 이것은 생활 방식의 총체이자 여성에 대한 헌신을 의미하는 것이다. 양성애는 남성을 떠나 자유로워질 수 없다는 신호다. 우리는 (남성이 아니라) 여성과 동일시하는 여성이다'와 같은 말들을 통해 주장된다.

언급된 첫 번째 입장은 명백히 전술적인 주장이며(누군가는 이 전술을 사용해왔다 해도, 나는 이러한 주장이 양성애에 대한 토론을 천년왕국으로 안전하게 밀어내 일축해버리기 위한 것이라고 생각한다), 양성애를 신뢰한다고 할지라도 실제로는 그들에 대한 가장 차별적인 입장에 정치적으로 동일시하고 있음을 보여준다.

그 주장을 액면 그대로 받아들인다면(나는 전혀 그러지 않지만), 이를 정치적으로 옹호하는 것은 위험한 일이라고 생각하게 된다. 그들은 배타적인 동성애를 장려함으로써, 파트너의 성별이 무엇인지가 중요하다는 개념을 정치적으로 지지하는 셈이다. 나는 같은 성별의 사람들과 잠자리를 가질 자유에 집중하는 동성애 운동의 필요성은 확실히 인식하고 있지만(왜냐면 거기에 차별이 존재하므로), 동시에 그런 질문 자체가 억압이 된다는 더 크고 급진적인 관점을 언제나 다시 상기해야만 한다고 생각한다. '성적 선호의 자유'가 요구된다면, 해결책은 확실히 그런 질문이 불필요한 양성애가 되어야 하는 것이다.

나는 사실 양성애가 대부분의 동성애자들에게 그렇게 인기 없는 단어로 간주되어온 이유는 방금 논의된 주장보다 오히려 그간 발전되어온 격렬한 동성애 대항 정의counter-definition를 고수하려는 태도에서 찾아볼 수 있다고 생각한다. 즉 (동성애자만의) '생활 방식'과 '세계관'이라는 대항 정체성counter identity이 그들이 동성애자라는 사실을 둘러싸고 창조되어왔다는 것이다. 이 정체성은 때로 아주 강력해서 양성애를 옹호하거나 예견하는 것조차 '제노사이드'로 간주된다. 다음이 그런 사례다. "갈수록 양성애가 규범으로 받아들여짐에 따라 동성애자 자격을 가진 동성애자의 위치는 사라질 것이다"라는 돗슨 레이더Dotson Rader의 주장에 한 동성애자가 "유대인처럼 동성애자들에게는 통합되거나 가스실로 가는 선택지만이 있을 뿐이다"라고 대답했다는 것이다.[4]

나는 실제 동성애자 반문화에 이의를 제기하려는 게 아니다. 나는 그것이 동성애자를 배제하는 사회에 대한 반응

---

4. "Letter to the Editor," *Evergreen*, May 1971.

으로서 충분히 이해될 수 있다고 생각한다. 그들은 평범한 혜택과 다른 이들과의 상호작용을 부정당하고, 자신의 역할과 생물학적 성별을 '적절하게' 발달시켜야만 가치 있는 존재로 인식되는 사회에서 정체성이 해체되며, 그로써 새로운 정체성을 결심한 결과마저도 부정당한다. 동성애자들은 동성애를 이유로 거부당했기 때문에, 동성애가 그들의 새로운 정체성의 핵심이 되었다는 것은 놀랄 일도 아니다.

페미니즘과의 의견 충돌은 오히려 이와 같은 조정을 통해 혁명적인 정치적 입장을 만들려는 시도에서 비롯하는 것이다. '우리는 누구와 자는지에 따라 다시 한 번 정의되고 있다'는 페미니스트들의 말은 정당한 불만이라고 생각한다. 성역할에 관한 페미니즘적 분석에서 배워야 할 교훈은, 윌마 스콧 하이드Wilma Scott Heide가 지적했듯, 우리의 성별에는 정자 기증자와 유모 역할 이상의 생물학적으로 함축된 행동은 없다는 것이다.[5] 역사적으로 여성은 생물학에 기반해 남성 없이는 불완전한 존재라고 정의되어왔다. 페미니스트들은 이 개념을 거부해왔으며, 따라서 다른 여성과 사랑

5. Judith Hole and Ellen Levine, *Rebirth of Feminism*, (New York: Quadrangle, 1971), 76.

하거나 잠자리를 가진다는 사실에 근거해 여성들의 정체성을 정의하려는 어떠한 새로운 시도에 대해서도 똑같이 거부해야 한다.

이것이 내가 '여성과 동일시하는 여성'이라는 급진레즈비언들의 용어에 동의하지 않는 이유이기도 하다. 왜냐하면 우리는 누가 누구와 관계를 맺는지에 기반해 '동일시'되어서는 안 되기 때문이다. 그리고 그러한 용어는 생물학적 여성과 정치적 여성을 섞어버리며 혼란을 야기한다. '여성과 동일시하는'이라는 자주 사용되어온 페미니즘적 개념은 사회에서 여성의 **역할**에 동일시되는 편이 더 유용하다는 의미로 사용되는 듯하다. 그것은 내면화라는 특정한 정치적 현상이다. 공통된 억압에 근거해 여성들의 연대나 자매애를 묘사하는 용어를 찾는다면, 그 용어는 페미니즘이다. 그 너머에 남겨지는 것은 생물학적 여성, 누구와 연애 관계를 맺는지에 따라서가 아니라 그녀 자신이 이룬 성취와 특성을 통해 자신의 정체성을 찾는 자율적인 존재로서의 여성이다.

'양성애'라는 단어에 함축되어 있는 것은 여전히 양쪽의 성별을 알려주려는 열망일 뿐이므로, 일단 우리가 사람들을 (개인의 성별을 묻지 않는 단어인) 사람들persons로서 논의하기 시작하면 '양성애'라는 단어조차도 결국 있으나 마나 한 것이 될 것이다. 그때 어쩌면 우리는 그저 '사람들 사이의 섹스'를 의미할 뿐인 '섹슈얼리티'와 같은 더욱 단순한 단어로 돌아갈 수 있을지 모른다.

여자와 자지 않으면

만약 당신이 여성과 자지 않는 페미니스트라면, 다음과 같은 비난을 듣는 위험을 감수해야 할 것이다. '당신이 여성과 잠자리를 같이하지 않는다면 당신은 나를 억압하고 있는 것이다.' '여성과 잠자리를 같이하지 않는다면 당신은 급진적 페미니스트가 아니다.' 또는 '그들과 잠자리를 같이하지 않는다면 당신은 여성들을 사랑하지 않는 것이다.' 나는 여성들과 성적인 관계를 맺지 않는다는 이유로 일부 레즈비언들에게 묵살되어버리는, 완전히 다른 양상의 페미니즘 논쟁을 보아왔다. 그런 비난을 만들어내는 동기는 잠시 제쳐놓고서라도, 여성들의 개인적인 삶에 대해 엄격하게 압력을 가하는 터무니없는 일이 벌어지고 있는 것이다.

'개인적인 것이 정치적인 것이다'라는 주장에 대한 이 같은 왜곡은, 동성애자 여성들이 현재 그런 주장을 사용하고 있을지는 몰라도 그들에 의해 개발된 것이 아니라는 점을 반드시 염두에 둬야 한다. 여성운동은 여성들에 대한 개인적 공격—언제나 급진주의의 외피를 쓴, 그리고 일반적으로 아주 소수의 여성들에 의한—으로 산발적인 파동을 겪어왔다. 나는 미니스커트를 입었다는 이유로, 결혼을 했다는 이유로(어떤 그룹에서는 '해방되지 않은 여성들' 때문에 그룹의 질이 낮아지지 않도록 그들의 참여에 대한 할당이 설정되어 있기도 했다), 또는 아이를 원한다는 이유로 그 사람을 페미니스트로서 신뢰할 수 없다고 말하는 여성들을 봐왔다. '해방된 삶'을 살아가고 있지 않은 여성들에 대한 이런 식의 거부는 이제 예상대로 '해방되지 않은' 성생활에 근거한 거부를 포함하게 되었다.

'개인적인 것이 정치적인 것이다'라는 문구는 여성들의 개인적인 삶의 영역을 정치적 분석에 열어두는 주장으로서 탁월했다. 그전에는 여성들의 경험에 '개인적'이라는 딱지를 붙임으로써 여성들을 서로에게서 고립시키곤 했다. 따라서 여성들은 여성으로서의 공통 조건과 남성에 의한 공통의 억압을 인식하지 못했다.

그러나 여성의 경험을 정치 분석에 개방하는 것은 결과적으로 문구가 오용되는 결과를 가져왔다. 여성들이 여성으로서 경험하는 모든 것에 정치적 영향이 있는 것은 사실이지만, 한 여성의 삶이 여성운동의 정치적 소유물은 아니다. 그리고 나에게는 그것이 어떤 그룹 혹은 개인이 한 여성의 삶의 진전에 대해 혁명적인 판단을 내릴 특권을 휘두르며 그 여성에게 결례를 범하는 것으로 보인다.

중요한 점이 하나 더 있는데, 가장 급진적인 페미니스트조차도 해방된 여성이 아니라는 것이다. 우리 모두가 여성성에서 천천히 빠져나와 새로운 인격의 감각을 향해 가고 있다. 오직 자기 자신만이 다음 단계를 결정할 수 있다. 나는 여성들이 변화를 위한 운동에 헌신해야 할 정치적 의무를 반드시 지니는 건 아니라고 생각한다. 그런 의무는 오직 스스로 자신의 이해관계 안에서 그럴 필요를 발견하는 경우에만 행해져야 한다. 여성들의 이해관계 안에 페미니즘이 있음을 여성운동이 믿는다면, 당면한 과제는 통찰력과 분석, 그리고 경험을 통해 그 점을 이해시키는 것이다. 즉 페미니즘은 지침이 아닌 선물이며, 여성 개인의 초청이 있을 때만 그녀의 사적인 삶에 개입할 수 있는 것이다. 따라서 '당신이 여성과 잠자리를 하지 않는다면, 당신은 여성들을 사랑하는 것이 아니다' 같은 주장은 결국 페미니즘에 대해 토론할 권리와 요청받지도 않은 채 여성의 사생활에 대해 토론하고 그에 대한 정치적 판단을 내릴 권리를 혼동하는 일이기에 기각되어 마땅하다.

그럼에도 불구하고 위의 혐의를 통해 제기된 문제(개인적인 맥락을 자극하는 차원을 넘어 죄책감을 유발하는 것은 유익한 것이기보다는 다른 이들을 통제하기 위한 전술이라는 문제)를 볼 때, 몇 가지 고려할 사항이 있다. 어떤 여성들의 경우 여성으로서의 그들 자신(따라서 결국엔 모든 여성들)에 대한 자기혐오가 강한 탓에 다른 여성들과 성적인 관계를 맺기가 불가능하다는 것이 한 가지 진실일 수 있다. 그러나 다른 이유들도 가능하다. 어떤 여성들은 그 누구와의 잠자리에도 관심이 없을 수 있다. 여성에게 그런 독립성은 다른 여성들과 잠자리를 가질 권리보다도 더 인정받기 어려운 자유인 것이다. 그녀는 아직 매력을 느끼는 여성을 만나지 못했을 수도 있다. 또는 한 명의 사람person으로서 좋아할 만한 남자와 사귈 수도 있는데, 이를 꼭 여성들에 대한 거부로 여길 필요는 없다. 또 강한 자기혐오를 겪는 여성들이라도 자신이 여성들과 성적으로 관계를 맺는 것이 불가능하다는 사실을 굳이 깨닫게 되지는 않을 수도 있다는 점에 유의해야 한다. 그 대신 그들은 자신이 레즈비언 관계에서 남성 역할을 맡는다면 상징적으로 여성적 역할에서 벗어날 수 있다는 사실을 깨닫게 될지도 모른다. 이런 여성은 여성적인 존재가 되지 않기 위해 여성들과 자고 다니는 여성이 될지도 모른다.

앞서 살펴본 바와 같이 결국 레즈비어니즘은 페미니스트임을 확증해주는 대단한 증거가 될 수 없다. 오히려 성역할을 버리고 어떤 관계를 맺느냐가 다른 여성을 정말로 사랑하는 일에서 그 사람의 궁극적인 태도를 결정지을 것이다.

결론

생물학의 '지배'를 명백히 경멸하는 동성애는 성차별주의 이데올로기의 초석에 문제를 제기하며, 결과적으로 대부분의 남자들을 긴장하게 만든다. 이 시대는 여성 동성애에 대한 두려움이 남성 동성애에 대한 두려움보다 덜한데, 아마

도 레즈비언의 사례들이 고립되어 있어서 다른 대부분의
여성들을 이미 규정된 성역할에서 떼어내기는 어려울 것이
라고 여전히 안심하고 있기 때문이며, 또 종종 레즈비어니
즘이 남성들에게 에로틱한 무언가로 여겨지기 때문이리라.
(아아, 우리는 우리끼리 사랑을 나눌 때조차 여전히 남성들의 눈
에 성적 대상이 될 수 있는 것이다.)

그러나 남성 동성애의 경우는 남성들(따라서 남성 사회 또
한)을 개인적으로 더욱 위협한다. 남성우월주의의 아이러니
는 그것이 생물학에 근거해 합리화되지만 사회화를 통해
실현되는 시스템이라는 점이다. 우연히 다르게 사회화되었
거나 다른 선택을 한 일탈자들은 생물학이 운명이라는 전
제를 위협한다. 따라서 어떤 남성이 질서를 흩뜨리도록 놔
둔다면 모든 남성 그룹의 우월한 지위가 위협당하는 셈이
다. 또 남자의 경우 '우월한' 그룹을 떠난다는 것은 아래로
내려가는 것, 즉 '열등한' 또는 '여성적인' 존재가 된다는 의
미다. 남성 동성애자들은 많은 남성들 사이에서 말해지지
않은 두려움, 즉 자신이 우월한 운명을 수행할 만큼 충분히
강하거나 '남성적이지' 않다는 두려움을 건드리고, 그래서
게이 남성들은 총체적인 남성 실패의 상징이 된다. 여전히

많은 남성들은 동성과 '항문성교'하는 것이 분명 여성 역할을 연기해야 한다는 뜻이라 여기며, 좋은 동료라면 다른 남성이 그런 수모를 당하도록 용인해선 안 된다면서 강력한 동지애를 전시한다.

동성애에 대한 남성들의 두려움을 이해한다는 것은 무엇보다 사회에서 여성과 함께 권력의 장소를 잃을 수 있다는 두려움을 이해하는 것이다. 그리고 권력을 유지하기 위해 남성들은 자신들의 이데올로기의 '절대성'과 구성원들의 단합이라는 두 가지를 모두 수호해야 한다.

동성애가 성차별주의 이데올로기에 대한 암시적인 위협을 포함하고 있지만, 그건 기껏해야 성역할 시스템을 무너뜨리려는 전체 싸움의 아주 작은 일부일 뿐이다. (일례로 만약 동성애자 운동이 사회 안에서 성역할 전환을 만들어낼 권리를 위한 요구로만 여겨질 경우, 성역할 시스템의 개혁판을 지지하며 페미니즘에는 반하는 입장으로 작동할 수도 있다.)

따라서 레즈비어니즘이 더 큰 페미니스트 투쟁의 유기적 일부가 되는 것은 가장 급진적인 해석 안에서만 가능하다. 그것은 직장에서, 법률상으로, 또는 개인적인 관계에서 여성들이 자신에게 규정된 역할에 반하며 형성해온 수많은 다른 여성들의 반란에 합류하는 것이다. 이런 모든 반란들과 마찬가지로, 정치적 맥락에서 이해되고 집단적으로 싸우지 않는 한 그것은 성차별적 사회 안에서 살아가기 위한 개인적 합의들에 불과하다. 여전히 더 큰 정치적 진실은 여성들은 남자들이 권력을 쥔 남성 사회 안에서 살아가고 있으며, 우리의 '여성 역할'은 권력을 유지하기 위한 남성의 정치적 방편에 불과하고, 여성운동이 이처럼 오래된 정치적 실상을 바꾸기 전까지는 우리가 집단적으로든 개별적으로든 자유롭다고 말할 수 없다는 점이다.

강제적 이성애와 레즈비언 존재

Compulsory Heterosexuality and Lesbian Existence[*]

에이드리엔 리치
Adrienne Rich

I

남성들은 생물학적으로 여성들에게 성적 끌림을 느끼는 존
재라는 단 하나의 타고난 지향만을 지니고 있는 반면, 여성
들은 두 개의 지향, 남성을 향한 성적 지향과 자신의 아이
들을 향한 지향을 지니고 있다.[1]

나는 지독히도 취약하고, 비판적이고, 남자들을 평가해서
차버리기 위한 기준이나 잣대로 여성성을 사용하는 그런

1. Alice Rossi, "Children and Work in the Lives of Women"(paper delivered at
   the University of Arizona, Tucson, February 1976).

여자였어. 그래, 그런 존재였지. 나는 그 사실을 의식조차 하지 않은 채 남자들에게 패배를 초래하는 애나였던 거야. (하지만 지금 난 그걸 의식하고 있어. 그리고 그걸 의식한다는 건 내가 그 모든 것을 뒤로하고 무언가 다른 존재가 되리라는 의미지. 하지만 그게 무엇일까?) 나는 우리 시대 여자들에게 공통된 어떤 감정에 매달려 있었고, 그것은 그들을 격렬하게 변화시키거나, 레즈비언이 되게 하거나, 고독하게 만들 수도 있는 것이었어. 그래. 그 시절의 애나는……

[지면을 가로지르는 또 다른 검은 줄...][2]

위에 인용한 두 경우뿐 아니라 많은 글에서 레즈비언 경험을 일탈로 여기는 수준에서부터 혐오하는 수준에 이르기까지, 혹은 단순히 비가시적으로 만드는 등 강제적 이성애로 편향된 모습을 찾아볼 수 있다.

여성은 '선천적으로' 남성에게만 성적으로 끌린다는 앨리스 로시의 가정이나 레즈비언이길 선택하는 건 단지 남성을 향해 쓰라림을 표출하는 일에 불과하다는 도리스 레싱

---

2. Doris Lessing, *The Golden Notebook* (New York: Bantam Books, 1977), 480.

의 가정은 절대 그들만의 견해가 아니며, 오늘날의 문학과 사회과학에 광범위하게 존재한다.

나는 여기서 두 가지 다른 문제에 관심이 있다. 첫 번째는 여성들이 열정적인 동지이자 인생의 파트너, 동료, 애인으로서 여성을 선택할 때 어떻게 그리고 어째서 그 선택이 짓밟히고 무효화되고 은폐나 위장을 강요당하는가의 문제고, 두 번째는 페미니스트 학계를 포함해 여러 분야의 글에서 레즈비언의 존재를 실질적으로 혹은 완전히 무시하는 경향이 광범위하게 나타나는 문제다. 여기에는 명백한 연결점이 있다. 나는 많은 페미니즘 이론과 비평이 이 지점에서 발이 묶여 있다고 생각한다.

나는 특별히 레즈비언적인 텍스트가 존재한다는 페미니스트들의 생각만으로는 충분치 않다고 확신한다. 레즈비언 존재를 주변적이거나 덜 '자연적인' 현상으로 취급한다든지, 단지 '성적 선호'로 치부한다든지, 이성애 또는 남성 동성애의 거울 반영처럼 다룬다든지 하는 이론이나 문화적·정치적 창작물은 그것들이 다른 부분에 어떤 기여를 했든 간에 극히 약화되었다. 페미니즘 이론은 더 이상 '대안적 라이프스타일'로서의 레즈비어니즘에 관용을 표하거나, 레즈비언들에 대해 형식적으로 언급을 해주는 수준에 머물러서는 안 된다. 여성에게 강제적 이성애가 요구되는 데 대한 페미니즘적 비판은 이미 한참 전에 이루어졌어야 할 일이다. 이 글에서 나는 그것이 실패한 이유를 밝혀보려 한다.

나는 지난 몇 년 동안 출간된 책들 중에 각기 다른 관점과 정치적 지향에서 쓰인, 그러나 저자들 모두 자신을 페미니스트로 드러냈으며 또 페미니스트로서 호평을 받기도 한 네 권의 책[3]을 사례로 들어 논의를 시작하려 한다. 넷 다 기본적으로 여성들의 관점에서 성별 간 사회적 관계가 엉망이 되었으며 극도로 문제가 많다는 전제를 공유한다. 또 넷 다 변화를 향한 길을 찾는다. 나는 이 책들 중 일부에서 다른 책들보다 더 많은 것을 배웠다. 그러나 분명히 해둘 것은, 만약 각각의 저자들이 레즈비언의 존재를 현실로서, 그리고 여성들에게 가능한 지식과 힘의 원천으로서

---

3. Nancy Chodorow, *The Reproduction of Mothering* (Berkeley: University of California Press, 1978); Dorothy Dinnerstein, *The Mermaid and the Minotaur: Sexual Arrangements and the Human Malaise* (New York: Harper and Row, 1976); Barbara Ehrenreich and Deirdre English, *For Her Own Good: 150 Years of the Experts' Advice to Women* (Garden City: Doubleday, 1978); Jean Baker Miller, *Toward a New Psychology of Women* (Boston: Beacon Press, 1976).

다루어야겠다고 느꼈더라면, 또는 이성애라는 제도 자체를
남성 지배의 교두보로서 다루겠다고 했더라면, 그 책들은
더 정밀하고 더 강력하며 더 진정한 변화의 힘이 되었으리
라는 점이다.[4] 그중 단 한 권도 만약 다른 맥락에서였다면

---

4. 나는 선집들을 포함해 같은 관점을 보여줄 진지하고 영향력 있는 최근의 다른 많은
    책들을 선택할 수도 있었을 것이다. 예를 들어, 레즈비언들에게 별개의 (그리고 불
    충분한) 장을 할애하고 있지만, 이성애가 대부분의 여성들의 선호 대상이라는 메시
    지를 전하는 *Our Bodies, Ourselves* (New York: Simon and Schuster, 1976)
    와 같은 책도 있다. 버니스 캐럴(Berenice Carroll)이 엮은 *Liberating Women's
    History: Theoretical and Critical Essays* (Urbana: University of Illinois Press,
    1976)는 역사에 존재하는 레즈비언에 관한 형식적 에세이조차 포함하지 않는다. 그
    럼에도 같은 책에 수록된 린다 고든(Linda Gordon)과 퍼시스 헌트(Persis Hunt)
    등의 글인 "Historical Phallacies: Sexism in American Historical Writing"에
    서는 남성 역사가들이 애나 하워드 쇼(Anna Howard Shaw), 제인 애덤스(Jane
    Addams), 그리고 다른 페미니스트들의 평판을 떨어뜨리고 주장을 일축해버리기 위
    한 범주로서 "성적 일탈"이라는 개념을 사용하고 있다는 점에 주목한다. 레나테 브라
    이든탈(Renate Bridenthal)과 클로디아 쿤츠(Claudia Koontz)가 엮은 *Becoming
    Visible: Women In European History* (Boston: Houghton Mifflin, 1977)는 남
    성 동성애에 대해 세 가지 언급을 하지만 그중 어느 것도 레즈비언에게 해당되지는
    않는다. 거다 러너(Gerda Lerner)가 엮은 *The Female Experience: An American
    Documentary* (Indianapolis: Bobbs-Merrill, 1977)는 두 개의 레즈비언 페미니
    즘적 입장의 글을 포함하고 있지만 레즈비언의 존재에 관한 다른 기록은 없다. 그러
    나 러너는 서문에서 일탈의 책임이 여성들을 파편화하고 여성들의 저항을 좌절시킨
    방식에 주목하기는 했다. 린다 고든은 *Woman's Rights: A Social History of Birth
    Control In America* (New York: Viking Press, 1976)에서, "페미니즘이 더 많은
    레즈비언을 배출해온 것은 아니다. 강도 높은 억압에도 레즈비언들은 언제나 많이 존
    재해왔으며, 대부분의 레즈비언들은 자신의 성적 선호를 선천적으로 경험한다"(410)
    라고 분명히 언급한다.

혹은 다른 조건들이 평등했더라면 여성들이 이성애 커플이 되거나 결혼을 '선택'했을지에 관해 의문을 제기하지 않는다. 암묵적으로든 명시적으로든 이성애는 '대부분의 여성들'이 지닌 '성적 선호'로 여겨진다. 보살핌, 성역할, 관계, 여성을 제약하는 사회적 관행에 대해 다루는 어떤 책에서도 강제적 이성애는 이 모든 것들에 강력한 영향을 미치고 있는 제도로서 검토되지 않으며, '선호'나 '선천적 지향'에 관한 생각은 간접적으로조차 질문되지 않는다.

바버라 에런라이크와 디어드러 잉글리시의 『그녀 자신을 위하여: 전문가 여성들에게 해온 150년간의 조언For Her Own Good: 150 Years of the Experts' Advice to Women』에서 저자들은 자신들의 전작이자 훌륭한 소책자인 『마녀, 산파, 간호사: 여성 치유자들의 역사Witches, Midwives and Nurses: A History of Women Healers』와 『불평과 장애: 질병의 성정치학Complaints and Disorders: The Sexual Politics of Sickness』을 도발적이고 복합적인 연구로 발전시켰다. 이 책에서 그들은 남성 의료 전문가들, 특히 부부간 성관계, 모성, 육아 분야의 전문가들이 미국 여성들에게 제공한 조언이 경제 시장의 명령을 반복하고, 자본주의가 생산/재생산에서 여성들에게 부과해온 역할을 그대로 따라 읊는 것이었다고 주장한다. 여성들은 각기 다른 시대 속에서 다양한 치유, 치료, 그리고 규범적 판단(중산층 여성들이 가정의 신성함을 구현하고 지키도록 하는 관행, 즉 가정 자체의 '과학적' 낭만화를 포함하는)의 소비자이자 희생자가 되어왔다. '전문가들'의 충고는 무엇도 특별히 과학적이거나 여성 지향적이지 않았으며, 산업자본주의의 요구와 맞물린 남성들의 필요와 여성에 대한 남성들의 판타지, 그리고 특히 섹슈얼리티와 모성의 영역에서 여성을 통제해야 하는 남성들의 이해관계를 반영해온 것이었다. 이 책은 명쾌한 페미니스트적 기지를 발휘해 쓰였고 많은 부분이 대단히 유용했기 때문에, 나는 저자들이 레즈비어니즘에 대한 기본적인 관행들도 점검해주기를 바라며 계속 읽어나갔다. 하지만 그런 대목은 없었다.

정보가 부족한 탓이라고 보기는 어렵다. 조너선 캐츠는 『미국 동성애자의 역사』[5]에서 1656년에 이미 뉴헤이븐 식민지에 레즈비언을 사형에 처한다는 규정이 있었다고 말한다. 캐츠는 19세기와 20세기에 의료계가 자행한 레즈비언

---

5. Jonathan Katz, *Gay American History* (New York: Thomas Y. Crowell, 1976).

"치료" 혹은 고문에 대해 도발적이고 유익한 수많은 문서들을 제시한다. 역사가 낸시 살리의 최근 연구에는 20세기 초 대학생 여성들 사이의 강렬한 우정이 단속된 정황에 대한 기록이 나온다.[6] 『그녀 자신을 위하여』라는 역설적인 제목의 이 책은 이성애와 결혼의 경제적 긴요함과, 여전히 일탈자로 규정되는 독신 여성과 과부들에게 가해지는 제재에 대해 언급한 최초의 책일 것이다. 그러나 여성의 온전한 정신과 건강에 대한 남성적 처방을 다룬 이 마르크스주의 페미니스트의 개관은 때때로 새로운 깨달음을 주기도 하지만, 이성애 경제학은 검토하지 않는다.[7]

정신분석학에 기초한 세 권의 책 중 하나인 진 베이커 밀러의 『여성의 새로운 심리학을 향하여Toward a New Psychology of Women』는 심지어 레즈비언이 미미하게조차 존재하지 않는다는 듯이 쓰였다. 책의 제목을 고려해볼 때, 나는 이 사

6. Nancy Sahli, "Smashing: Women's Relationships Before the Fall," *Chrysalis: A Magazine of Women's Culture* 8(1979): 17~27. 이 논문은 1976년 6월 11일 여성의 역사에 관한 3차 버크셔 콘퍼런스에서 발표된 바 있다.

7. 이 책은 내가 공개적으로 지지해온 책이다. 언급한 아쉬움에도 불구하고 여전히 그렇다. 에런라이크와 잉글리시의 책이 다루지 않은 질문들이 얼마나 거대한 것이었는지는 내가 이 논문을 쓰기 시작해서야 제대로 알 수 있었다.

실이 매우 놀랍다. 그럼에도 《사인스Signs》와 《스포크스우먼Spokeswoman》을 비롯한 페미니즘 저널에서 이 책이 받은 호평들을 상기하면 밀러의 이성애 중심적 가정들이 널리 공유되고 있음을 알 수 있다. 『인어와 미노타우로스: 성적 배치와 인간적 불만The Mermaid and the Minotaur: Sexual Arrangements and the Human Malaise』에서 도로시 디너스틴은 여성과 남성이 육아를 공평히 분담할 것을, 그리고 그녀가 인류를 폭력과 자멸 속으로 점점 더 몰아넣고 있다고 느끼는 "젠더 배치"라는 남녀 간 공생관계를 종식시킬 것을 열정적으로 주장한다. 이 책의 다른 문제점들(배리, 데일리, 그리핀, 러셀과 밴더벤, 그리고 브라운밀러가 충분히 비판했듯,[8] 남성들이 역사적으로 여성과 아이들에게 저질러온 제도적·무작위적 테러리즘에 침묵하는 문제나, 심리학에 너무 집착한 나머지 그 심리적 현실을 만들어내는 경제적·물질적 현실을 도외시하는 문제 등)에 대해서는 차

---

8. Kathleen Barry, *Female Sexual Slavery* (Englewood Cliffs: Prentice-Hall, 1979); Susan Brownmiller, *Against Our Will: Men, Women, and Rape* (New York: Simon and Schuster, 1975); Mary Daly, *Gyn/Ecology: The Meta-Ethics of Radical Feminism* (Boston: Beacon Press, 1978); Susan Griffin, *Woman and Nature: The Roaring Inside Her* (New York: Harper and Row, 1978); Diana Russell and Nicole van de Ven, eds., *Proceedings of the International Tribunal on Crimes Against Women* (Millbrae: Les Femmes, 1976).

치하고서라도, 나는 여성과 남성 간 관계가 "역사의 광기를 유지하는 협업"이라는 디너스틴의 관점이 완전히 탈역사적이라고 생각한다. 그로써 그녀는 삶 자체에 적대적이고 착취적이며 파괴적인 사회적 관계들을 영속시키는 셈이다. 그녀는 여성들이 억압(우리 스스로 만들어내기도 하고 다른 이들이 가하기도 하는)에 저항하고 처지를 개선하기 위해 계속해서 투쟁하고 있음을 알아채지 못한 채, 여성과 남성이 평등한 파트너로서 '성적 배치들'을 만들어내고 있다고 이해한다. 그녀는 특히 마녀, 미혼 여성, 결혼 저항자, 독신 여성, 자율적인 과부, 또는 레즈비언과 같이 다양한 수준에서 억압에 부역하지 않으려 애써온 여성들의 역사를 무시한다. 이것은 완전히 침묵으로 덮여 있는 역사이며, 페미니스트들은 바로 이 역사에서 배울 것이 아주 많다. 디너스틴은 책 말미에서 "크게 보고 멀리 보면 비현실적"일지라도, "여성 분리주의"는 우리에게 무언가를 가르쳐준다고 인정하며 다음과 같이 말한다. "분리되어라. 그러면 여성들은 원론적으로, 지금까지 남성들의 존재가 제공해온 이 과업을 회피할 기회를 통해 상처받지 않고 온전한 자기창조적 인간됨이란 무엇인지를 새롭게 배울 수 있을 것이다."[9] "온전한 자기창조적 인간됨"과 같은 구절은 많은 형태의 여성 분리주의가 실제로 제기해온 질문을 모호하게 만든다. 사실 모든 문화와 역사를 관통해 여성들은 종종 그들이 그 일을 수행할 '유일한 존재'라는 믿음 속에서, 그들의 맥락에 따라 가능한 만큼의 규모로, 독립적이고 비이성애적이며 여성과 연결된 존재로서의 과업을 수행해왔다. 결혼에 전면적으로 저항할 만큼 경제적 지위를 가진 이는 거의 없었는데도 여성들은 그 일을 감행했다. 심지어 15, 16, 17세기 유럽에서 수백 명의 과부와 독신 여성을 화형하고 고문한 마녀사냥과 인도의 과부 순장 관행을 포함해 결혼하지 않은 여성들에 대한 공격이 비난과 조롱에서부터 고의적인 집단학살에 이르기까지 자행되어왔음에도 불구하고 말이다.[10]

낸시 초도로는 레즈비언 존재를 인정하는 데까지 거의 근접한다. 디너스틴처럼 초도로도 성별분업에서 여성들만이 아이를 양육할 책임을 맡고 있다는 사실이 젠더 불평등을 전 사회적으로 조직되도록 만들었고, 불평등을 바꿔내려면 남성들도 여성들만큼 주 양육자가 되어야 한다고 믿

---

9. Dinnerstein, *The Mermaid and the Minotaur*, 272.

10. Daly, *Gyn/Ecology*, 184~185; 114~133.

었다. 여성의 엄마 역할이 여자아이들과 남자아이들의 심리 발달에 미치는 영향을 정신분석학적 관점으로 고찰한 초도로는 여성들의 삶에서 남자들이 "정서적으로 부차적인 존재"라고 언급했다. "여성들은 자신들이 의지할 만한 풍부하고 지속되는 내면세계를 가지고 있다. (…) 남성에게 여성이 중요하다고 해서 여성에게 남성이 정서적으로 중요해지는 것은 아니다."[11] 20세기 후반에는 이런 분석이 여성들에게 정서적으로 집중하는 18~19세기 여성들에 관한 스미스로젠버그Carroll Smith-Rosenberg의 발견으로 옮겨 갔을 것이다. "정서적으로 중요"하다는 건 물론 사랑만큼 분노도 개입될 수 있다는 뜻이며, 여성들 간 관계에서 종종 발견되는 그 두 감정의 강렬한 혼합, 즉 내가 '여성의 이중생활double-life'이라고 부르게 된 한 가지 양상을 의미하는 것이기도 하다. 초도로는 여성들에게는 여성인 어머니가 있기 때문이라고 결론짓는다. "어머니는 소녀들에게 최초의 내면적 대상으로 남아 있다. 그래서 소녀들의 경우 이성애 관계가 비독점적인 두 번째 관계를 본뜨는 방식으로 이루어지는 반면,

11. Chodorow, *The Reproduction of Mothering*, 197~198.

소년들에게는 독점적인 최초의 관계를 다시 만들어내는 셈이다. 초도로의 주장에 따르면 여성들은 심리적으로든 실질적인 이유에서든 남성적인 애인의 한계를 부인하도록 배워왔다.[12]

그러나 실질적인 이유들(마녀 화형이라든가, 법과 신학, 과학을 남성이 통제한다는 점, 또는 성별분업 안에서의 경제적 생존 불가능성 같은 것들)은 얼버무려진다. 초도로의 설명은 역사적으로 여성이 남성과 짝을 짓는 일은 강요되거나 보장받으면서, 독립적인 그룹 안에서 여성들이 다른 여성과 짝을 짓거나 동맹을 맺는 일은 방해받고 처벌받는 등 제약과 제재가 있었다는 사실을 간과한다. 그녀는 "레즈비언 관계가 어머니와 딸 사이의 감정과 연결을 재현하는 경향이 있는 건 사실이지만, 대부분의 여성들은 이성애자다"라는 언급으로 레즈비언의 존재에 대해 일축한다. 그러고 나서 다음과 같이 덧붙인다. "남성에 대한 사실상의 경제적 의존에 더해, 이 이성애 선호와 동성애 금기는 여성이 다른 여성과의 성적 결합을 우선순위에 두는 선택지를 (최근 몇 년

---

12. 같은 책, 198~199.

간 더욱 성행하고 있긴 하지만) 가능할 법하지 않은 일로 만든다."[13] 여성들에게 그런 식으로 자격을 부여해왔다는 사실은 매우 중요한 문제로 보이는데도, 초도로는 더 깊이 탐색하지 않는다. 그녀는 (특정 집단 안에서) 레즈비언 존재가 최근 몇 년 동안 더 가시화되었고, (자본주의, 사회주의 혹은 양 체제하에서 모두) 경제적 조건이나 여타의 압력들의 양상이 달라졌으며, 그 결과 여성들이 이성애 '선택'을 거부하고 있다고 말하고 있는 것인가? 그녀의 주장에 따르면 여성들이 아이를 원하는 이유는 이성애 관계에 풍부함과 강렬함이 결여되어 있기 때문이며, 아이를 갖게 되면 여성들은 어머니와의 강렬했던 관계를 자신과 아이 사이에 재현하고자 한다는 것이다. 초도로는 자신의 연구 결과에 기초해 여성들에게 이성애는 '선호'가 아니며, 이성애는 여성들이 궁핍하고 고통스럽다고 느낄 법한 방식으로 성적인 것을 정서적인 것으로부터 분리해낸다는 결론으로 우리를 넌지시 이끌어 간다. 그런데도 그녀의 책은 이성애에 권한을 주는 데 동참한다. 딸 매매에서부터 후기산업사회 경제, 문학

---

13. 같은 책, 200.

의 침묵, 텔레비전 화면의 이미지에 이르기까지 여성들을 결혼과 이성애 로맨스로 이끌었던 은밀한 사회화와 명시적인 폭력을 방치하면서, 그녀는 디너스틴처럼 인위적인 제도—강제적 이성애—를 개혁하려는 노력에 천착한다. 여성을 향해 끌리는 깊은 정서적 충동과 상보성에도 불구하고, 마치 여성들이 남성들을 향해 끌릴 수밖에 없는 신비로운/생물학적인 이성애 성향, 즉 '선호' 또는 '선택'이 존재하기라도 하는 것처럼 말이다.

게다가 여성 오이디푸스 콤플렉스에 대한 복잡한 이론이나 종의 재생산에 관한 필요성으로 접근하는 게 아니면 이 '선호'는 설명할 필요가 없다고 이해된다. 설명이 필요한 것은 레즈비언 섹슈얼리티(보통 남성 동성애의 하위에 '포함된' 것으로 이해되는데, 그건 사실이 아니다)라고 여겨진다. 여성의 이성애에 관한 이 엄청난 가정이 우리 생각의 기반으로 그토록 조용히 미끄러져 들어왔다고 생각하면 그 자체로 놀랍다.

이 가정의 확장판을 자주 듣게 되는데, 남성들이 비억압적이고 보살핌을 베푸는 진정한 평등의 세계라면 모든 사람이 양성애자가 되리라는 주장이다. 이런 주장은 여성들이 실제로 섹슈얼리티를 경험해온 현실을 흐려 감상적인 것으로 만든다. 이는 지금 여기의 과업과 투쟁들, 즉 스스로의 가능성과 선택지들을 만들어낼 성적 정의定義를 다듬어나가는 과정을 가로질러버리는 오래된 자유주의적 비약이다. (또 이런 관점은 아주 단순하게 남성들이 억압적이고 정서적 교류가 불가능해서 여성들이 여성을 선택한다고 가정한다. 이 또한 여전히 억압적이거나 정서적으로 불만족스러운 남성들과의 관계를 계속해나가는 여성들을 설명하지 못한다.) 나는 모성과 마찬가지로 이성애가 정치적 제도로서 인식되고 연구될 필요가 있으며, 특히 개인적 경험 속에서 자신이 새로운 남녀 간 사회적 관계의 선도자라고 여기는 이들이야말로 그 적임자라고 생각한다.

II

여성이 남녀 아이들 모두에 대한 정서적 돌봄과 신체적 본성의 최초 원천이라면, 최소한 페미니스트 관점에서 볼 때 다음과 같은 질문들을 제기하는 것이 논리적일 것이다. 남녀 모두가 사랑과 부드러움을 추구하는 것은 본래 여성을 향한 이끌림은 아닌지, **왜 실제로 여성들이 그러한 지향을 재설정하는지**, 왜 종의 생존, 수태의 방법들과 정서적·성애적 관계들이 서로 그토록 엄격하게 동일시되어야 하는지, 그리고 어째서 폭력적인 구속이 남성을 향한 여성들의 총체적인 정서적·성애적 충성과 복종을 강제하기 위해 필요하다고 여겨져야 하는지 등. 나는 여성들의 정서적·성애적 에너지를 그들 자신과 다른 여성, 그리고 여성과 동일시하는 가치들에서 떼어놓는 사회적 힘이 있음을 충분히 많은 페미니스트 학자들과 이론가들이 인정하려 애썼는지 의심스럽다. 그 힘은 문자 그대로 신체적 예속에서부터 가능한 선택지들을 위장하고 왜곡하는 데 이르기까지 종류가 다양하다.

나는 여성에게 양육되었다는 사실이 레즈비언이라는 존재의 '충분한 원인'이라고는 생각하지 않는다. 그러나 여성에 의한 양육이라는 이슈는 최근 더 많이 얘기되고 있는데, 보통 남성에 의한 양육이 늘어날수록 성별 간 적대감이 최소화되고, 남성이 여성을 지배하는 권력의 성적 불균형이 해소될 것이라는 견해를 동반한다. 이런 논의는 이데올로기로서는커녕 현상으로서조차 강제적 이성애를 언급하지 않은 채 계속된다. 나는 여기서 심리학적 고찰을 할 생각은 없고, 다만 남성 권력의 원천을 찾아내고자 한다. 나는 수많은 남성들이 남성과 동일시하는 사회에서 남성 권력의 균형을 근본적으로 바꾸지 않고도 양육을 맡을 수 있다고 생각한다.

캐슬린 고프는 「가족의 기원」이라는 글에서 고대와 현대 사회에서 나타나는 "남성 권력의 여덟 가지 특징"을 나열하는데, 나는 이를 틀거리로 삼고자 한다. "여성에게 섹슈얼리티를 허락하지 않거나 또는 강제하기, 여성의 생산을 통제하기 위해 노동을 명령하거나 그들의 노동을 착취하기, 아이들을 통제하거나 여성들에게서 강탈하기, 여성의 신체를 가두고 이동을 가로막기, 남성 간 거래에서 여성을 대상물로 사용하기, 여성들의 창의력을 꺾기, 광범위한 사회적 지식과 문화적 성취의 영역에서 여성들을 배제하기."[14] (고프는 이러한 권력 특성을 특별히 강제된 이성애로 여기지 않고, 단지 성적 불평등을 생산하는 것으로만 여긴다.) 아래에 고프의

14. Kathleen Gough, "The Origin of the Family," *Toward an Anthropology of Women*, ed. Rayna Reiter (New York: Monthly Review Press, 1975), 69~70.

분류를 하나씩 인용했다. 그녀의 카테고리에 따라 상술한 대괄호 안의 문구는 내가 쓴 것이다.

남성들의 권력은 다음과 같은 특징을 가진다.

1. 여성들에게 [자신의] 섹슈얼리티를 허락하지 않기

[음핵절제와 음부봉쇄(여성 할례), 정조대, 여성의 간통에 대한 죽음을 포함한 처벌, 레즈비언 섹슈얼리티에 대한 죽음을 포함한 처벌, 음핵에 대한 정신분석학적 부정, 자위에 대한 비난, 모성적 관능과 완경 후의 관능에 대한 부정, 불필요한 자궁적출술, 미디어와 문학에서의 가짜 레즈비언 이미지들, 레즈비언 존재와 연관된 아카이브 폐쇄 및 문서 파쇄 등을 통해 행사됨.]

2. 여성들에게 [남성] 섹슈얼리티를 강제하기

[(부부간 강간을 포함한) 강간과 아내 구타, 아버지와 딸 사이 또는 남매간 근친 강간, 남성의 성적 '충동'이 권리에 해당한다고 느끼도록 여성을 사회화하기,[15] 예술, 문학, 미디어,

---

15. Barry, *Female Sexual Slavery*, 216~219.

광고 등에서의 이성애 로맨스 이상화, 조혼, 중매결혼, 매춘, 첩 제도, 불감증과 질 오르가즘에 관한 정신분석학적 교리들, 성적 폭력과 모욕에 기쁘게 반응하는 여성들을 포르노그래피적으로 묘사하기(여성들 사이의 관능보다 가학적인 이성애가 더 '정상'이라는 잠재적 메시지 주기) 등을 통해 행사됨.]

3. 여성들의 생산을 통제하기 위해 노동을 명령하거나 그들의 노동을 착취하기

[결혼 제도와 무급 생산으로서의 엄마 역할 강요, 유급 노동 안에서 여성들을 수평적으로 분리하기, 사회적으로 신분 상승한 '토큰 우먼'[16]의 바람잡이 역할, 임신중지와 피임, 출산에 대한 남성 통제, 강제 불임수술, 매춘 알선, 엄마에게서 딸들을 빼앗고 여성의 평가절하를 일반화하는 데 기여하는 여아 살해 등을 통해 행사됨.]

---

16. token woman. 집단 내에서 상징적으로 보여주기 위한 방편으로 능력과 상관없이 고위직에 있게 한 여성.—옮긴이

4. 아이들을 통제하거나 여성들에게서 강탈하기

[부권과 "합법적 납치"[17]를 통해, 강제 불임수술, 조직적인 영아 살해, 레즈비언 엄마의 친권을 박탈하는 법원 판결, 남성 산부인과 의사의 의료 과실, 결혼을 위해 딸의 발(또는 마음)을 결박하거나 생식기를 절단하는 "상징적인 고문기술자token torturer"[18]로 엄마를 이용하기 등을 통해 행사됨.]

5. 여성의 신체를 가두고 이동을 가로막기

[테러로서의 강간, 거리에서 여성들을 몰아내기, 퍼다,[19] 발 묶기, 여성의 운동 능력을 위축시키기, 오트 쿠튀르[20]나 '여성적' 복장 규정, 베일, 거리에서의 성희롱, 고용에서의 여성의 수평적 분리, 전업 자녀 양육자가 되도록 권하기, 아내의 강제된 경제적 의존 등을 통해 행사됨.]

---

17. Anna Demeter, *Legal Kidnapping* (Boston: Beacon Press, 1977), xx; 126~128.

18. Daly, *Gyn/Ecology*, 132; 139~141; 163~165.

19. purdah. 이슬람 문화권에서 남성들의 눈에 띄지 않도록 여성들을 별도의 공간에 살게 하거나 얼굴을 가리게 하는 것.― 옮긴이

20. haute couture. 실용성보다는 디자이너가 추구하는 예술성에 초점을 둔 상류층의 맞춤 여성복.― 옮긴이

6. 남성 간 거래에서 여성을 대상물로 사용하기

[여성들을 '선물'로 주고받기, 신부값, 매춘 알선, 중매결혼, 남성 간 거래를 용이하게 하기 위해 오락용으로 여성들을 사용하기, 예를 들면 아내를 접대에 동원하거나, 남성의 성적 흥분을 돋우는 복장을 요구받는 칵테일 웨이트리스, 콜걸, '버니', 게이샤, 기생 매춘부, 비서 등을 동원함으로써 행사됨.]

7. 여성들의 창의력을 꺾기

[조산사와 여성 치료사에 반대하는 시위이자 독립적이고 '동화되지 않은' 여성들에 대한 대학살로서의 마녀 박해,[21] 어떤 문화에서든 여성보다 남성의 일을 더 높이 평가함으로써 문화적 가치가 남성 주체성을 체현하게 만들기, 여성의 자아실현을 결혼과 양육에 한정하기, 남성 예술가와 선생들에 의한 성적 착취, 여성의 창조적 열망에 대한 사회적·경제적 방해,[22] 여성 전통의 삭제[23] 등을 통해 행사됨.]

---

21. Barbara Ehrenreich and Deirdre English, *Witches, Midwives, and Nurses: A History of Women Healers* (Old Westbury: Feminist Press, 1973); Andrea Dworkin, *Woman Hating* (New York: E.P. Dutton, 1974), 118~154; Daly, *Gyn/Ecology*, 178~222.

8. 광범위한 사회적 지식과 문화적 성취의 영역에서 여성들을 배제하기

[여성을 교육에서 배제하기(세계 문맹의 60퍼센트는 여성이다), 역사와 문화 속 여성들과 특히 레즈비언의 존재에 대한 "거대한 침묵",[24] 과학, 기술, 그리고 다른 '남성적인' 분야에서 여성들을 이탈시키는 성역할 규범화, 여성들을 배제한 남성들만의 사회적·직업적 유대 관계, 전문 영역에서의 여성 차별 등을 통해 행사됨.]

이상은 남성 권력이 실현되고 유지되는 몇 가지 방법이다. 그 설계를 보면서 확실히 통감하게 되는 것은, 우리는 단지 불평등의 지속과 재산 소유의 문제만이 아니라 물리적 만행에서부터 의식의 통제까지 만연한 폭력의 클러스터에 직면해 있다는 점이며, 이는 거대한 잠재적 대항세력이

22. 다음을 참고하라. Virginia Woolf, *A Room of One's Own* (London: Hogarth Press, 1929); *Three Guineas* (New York: Harcourt Brace, 1966); Tillie Olsen, *Silences* (Boston: Delacorte Press, 1978); Michelle Cliff, "The Resonance of Interruption," *Chrysalis: A Magazine of Women's Culture* 8 (1979): 29~37.

23. Mary Daly, *Beyond God the Father* (Boston: Beacon Press, 1973), 347~351; Olsen, *Silences*, 22~46.

24. Daly, *Beyond God The Father*, 93.

제지되어야만 했다는 사실을 암시하고 있다.

남성 권력의 몇 가지 형태는 여성들에게 이성애를 강요하는 것으로, 다른 것들보다 쉽게 알아차릴 수 있다. 그러나 내가 열거한 특징들 하나하나가 그 권력의 클러스터에 더해져, 여성들은 비록 결혼과 남성을 향한 성적 지향이 그들의 삶에서 불만족스럽거나 억압적인 요소일지라도 그것이 불가피하다고 확신해왔다. 정조대, 조혼, 예술·문학·영화에서의 레즈비언 존재의 삭제(이국적이고 왜곡된 방식은 제외하고), 이성애 로맨스와 결혼의 이상화 등은 꽤 명백한 강박의 형태로, 앞의 두 가지는 물리적인 힘을 행사하고, 뒤의 두 가지는 의식을 통제한다. 페미니스트들이 음핵절제술을 여성 고문의 한 형태로 공격하기는 했으나,[25] 그것이 단지 잔인한 수술을 통해 소녀들을 '결혼 가능한' 여성으로 전환시키는 방법일 뿐인 것은 아니라는 점을 처음으로 지적한 이는 캐슬린 배리다. 그녀에 따르면 음핵절제술은 일부다처제 결혼 안에서 친밀한 근접 관계에 있는 여성들이 서로 성적 관계를 형성하지 않도록 차단하는 것이며, 생

25. Fran P. Hosken, "The Violence of Power: Genital Mutilation of Females," *Heresies* 6 (1979): 28–35; Russell and van de Ven, *Proceedings*, 194~195.

식기 숭배적 관점을 가진 남성들의 관점에서 볼 때, 성별 분리된 상황에서조차 여성들 간의 성애적 연결이 문자 그 대로 단절되도록 하는 것이다.[26]

의식에 영향을 주는 포르노그래피는 우리 시대의 중요한 공적 쟁점으로, 수십억 달러 규모의 그 산업은 점점 더 가학적이고 여성 비하적인 시각 이미지들을 퍼뜨릴 힘을 가지게 되었다. 그러나 소위 소프트코어 포르노그래피와 광고조차도 여성을 개인적 의미나 인격, 감정적 맥락은 전혀 없는 성욕의 대상이자 본질적으로 남성에게 소비되는 성적 상품으로 묘사한다. (남성들의 관음증을 충족시키기 위해 만들어진 소위 레즈비언 포르노그래피에도 감정적 맥락이나 개인적 인격이 결여돼 있기는 마찬가지다.) 포르노그래피가 전하는 가장 위험한 메시지는 여성이 자연적으로 남성의 성적 먹잇감이며 그렇게 되는 걸 좋아한다는 것, 섹슈얼리티와 폭력이 동의어라는 것, 그리고 여성에게 섹스는 본질적으로 피학적이고, 굴욕은 즐거움이며, 육체적 학대는 에로틱하다는 것이다. 이와 함께 잘 알아차리기 어려운 다른 메시지도

---

26. Barry, *Female Sexual Slavery*, 163~164.

따라온다. 이성애 관계에서 수행되기만 한다면 강요된 복종과 학대도 성적으로 '정상'인 반면, 성애적 상호성과 존중을 포함한 여성들 간의 관능은 '이상하고queer' '병든sick' 것으로, 그 자체로 포르노그래피적이든 그렇지 않든 채찍과 결박의 섹슈얼리티와 비교할 때 매우 흥분되는 것으로 여겨진다.[27] 포르노그래피는 단순히 섹스와 폭력이 호환되는 환경을 만들 뿐 아니라, **이성애 성관계에서 남성들이 행할 수 있다고 간주되는 행동의 범위를 넓혀준다.** 남성들의 그런 행위는 상호 존중과 통합성 안에서 여성들이 사랑하고 사랑받을 가능성을 포함해 그들의 자율성과 존엄성을 반복적으로 제거한다.

『일하는 여성들이 당하는 성희롱: 성차별의 사례』라는 훌륭한 연구서에서 캐서린 A. 매키넌은 강제적 이성애와 경제의 교차점을 상세하게 기술한다. 자본주의 체제하에서 여성은 젠더에 따라 수평적으로 분리되고 일터에서 구조적으로 열등한 위치를 차지한다. 이것은 거의 뉴스거리도 아

---

27. '레즈비언 사도마조히즘'은 성과 폭력의 관계에 관한 지배 문화의 가르침의 측면에서, 그리고 일부 레즈비언들이 남성 동성애자들의 관습을 수용한다는 면에서 검토될 필요가 있다. 나는 이것이 여성들의 이중생활에 관한 또 하나의 사례라고 생각한다.

니지만, 매키넌은 자본주의 사회에서 "어떤 개인들은 낮은 지위, 낮은 임금의 직책을 가질 수밖에 없다면, 그게 반드시 생물학적 여성이어야 하는" 이유가 무엇이냐고 문제를 제기한다. 이어서 "**남성들보다 적은 임금을 지급할 수 있는데도** 남성 고용주들이 자격 있는 여성들을 고용하지 않는 경우가 많다는 사실은 이윤 동기 이상의 이유가 연관되어 있음을 보여준다"(강조 추가)고 지적한다.[28] 그녀는 여성들이 저임금 서비스 직종(비서, 가사 노동자, 간호사, 속기사, 전화교환원, 보육 노동자, 웨이트리스)으로 격리된다는 사실뿐 아니라 그러한 '여성의 성화sexualization'가 직업의 일부라는 사실을 담고 있는 풍부한 문헌 자료들을 인용한다. 여자들 삶의 경제적 현실에서 가장 중요하고 본질적인 것은 여성들이 "자신이 좋아하는 것들을 강요할 수 있는 경제적 권력과 지위를 가진 남성들에게 자신의 성적 매력을 마케팅해야 한다"는 점이다. 그리고 매키넌은 다음과 같은 사실을 입증한다. "성희롱은 서로 맞물려 있는 구조를 영속시켜 여

---

28. Catherine A. MacKinnon, *Sexual Harassment of Working Women: A Case of Sex Discrimination* (New Haven: Yale University Press, 1979), 15~16.

성들이 노동시장의 최하층에서 남성들에게 성적으로 구속되어 있게 한다. 여성의 섹슈얼리티에 대한 남성들의 통제와 노동자들의 삶에 대한 자본의 통제라는 미국 사회의 두 가지 힘이 서로 만난다."[29] 따라서 직장 여성들은 그런 악순환 속에서 권력으로서의 성별에 속수무책이다. 여성들—웨이트리스든 교수든—은 경제적으로 불리하기 때문에 일자리를 지키기 위해 성희롱을 견뎌내고, 공손하고 싹싹하게 이성애자다운 태도로 행동하는 법을 배운다. 직업이 무엇이든 간에 그런 태도가 고용을 위해 필요한 진짜 자격임을 깨닫기 때문이다. 그리고 매키넌은 직장에서 성적 접근에 너무 단호하게 저항하는 여성은 '메말라버렸고' 섹시하지 않은 여자, 또는 레즈비언이라고 비난받는다는 사실을 지적한다. 이는 레즈비언의 경험과 동성애자 남성의 경험 사이의 명확한 차이를 드러낸다. 이성애주의자들의 편견 때문에 직장에서 커밍아웃하지 않은 레즈비언들은 단순히 직장 밖 관계나 사생활의 진실만을 강제로 부인당하는 것이 아니다. 그저 이성애자인 것만으로 충분치 않고, 이성애자 **여**

29. 같은 책, 174.

성으로서, 즉 여성적인 옷을 입고 여성스럽게 행동하며 '진
짜' 여성으로서 요구되는 공손한 역할을 하는 데 그녀의 일
자리가 달려 있는 것이다.

매키넌은 성희롱, 강간, 그리고 평범한 이성애 성관계 사
이의 질적 차이에 관해 급진적인 질문을 제기한다. ("어느 기
소된 강간범이 말했듯, 그는 남성들이 성관계 준비 단계에서 보
통 사용하는 정도의 힘 이상은 사용하지 않았다는 것이다.") 그
녀는 수전 브라운밀러가 일상생활에서 강간을 분리해버린
점, "강간은 폭력이고, 성관계는 성적인 것"[30]이라는 검증되
지 않은 전제로 성적 영역에서 강간을 완전히 제거해버린
점을 비판한다. 결정적으로 그녀는 "강간을 '성적'인 영역에
서 떼어내 '폭력'의 영역에 놓으면, 이는 이성애 제도가 얼
마만큼 물리력을 '준비 단계'의 정상적인 일부분으로 규정
하는지에 관한 질문을 제기하지 않은 채 그저 폭력에만 반
대하게 만든다"[31]라고 주장한다. "남성우월주의 조건하에서

---

30. Brownmiller, *Against Our Will*.

31. MacKinnon, *Sexual Harassment of Working Women*, 219. 수전 섹터는 "어떤
  비용이 들든 간에 이성애 연합을 위한 요구는 그토록 강렬하다. (…) 이는 그 자체
  로 문화적 힘이 되어 두터운 층을 만들어낸다. 낭만적 사랑의 이데올로기와 재산으
  로서의 파트너를 질투심을 가지고 소유하는 것은 가혹한 학대를 가장한 것이 된다"

'동의'가 과연 의미 있는 개념인지에 대해서는 한 번도 질문
된 적이 없다."[32]

사실 여러 사회제도 가운데서도 직장은 여성들이 생존
의 대가로 남성들의 심리적·신체적 침범을 용인하도록 배
워온 공간이자, 낭만적인 문학이나 포르노그래피 못지않게
자신을 성적 먹잇감으로 여기도록 교육받는 공간이다. 경
제적 불이익에 동반하는 평상시의 이러한 침범을 피하고자
하는 여성들은 보호를 기대하며 결혼이라는 형태에 의지한
다 해도 사회적 권력도 경제적 권력도 없이 애초에 불리한
지위를 가진 채 그 제도 안으로 들어가는 셈이다. 마침내
매키넌은 다음과 같이 묻는다.

불평등이 남성과 여성의 섹슈얼리티, 남성성과 여성성, 섹시
함과 이성애적 매력에 관한 사회적 개념에 붙박여 있다면
어떻게 될까? 성희롱 사건은 여성의 취약성이 남성의 성적
욕망을 불러일으킬 수 있음을 암시한다. (…) 남자들은 자신

고 말한다. *Aegis: Magazine on Ending Violence Against Women* (July-August
1979): 50~51.

32. MacKinnon, *Sexual Harassment of Working Women*, 298.

이 특권을 가질 수 있다고 느끼기 때문에 그러고 싶어 하고, 그래서 그렇게 행동한다. 다반사로 일어나는 성희롱을 조금만 들여다보면 성관계가 일반적으로 (육체적 불평등만큼이나) 경제적 불평등 관계에서 벌어진다는 사실을 알게 된다. (…) 여성의 섹슈얼리티에 대한 침해가 처벌받으려면 그것이 비일상적인 일로서 발생해야 한다는 분명한 법적 요건은 여성들이 자신의 동의에 관한 기본 조건을 정의하지 못하도록 방해한다.[33]

매키넌이 일상적인 "여성 종속의 성애화"[34]라는 문구로 표현했듯 이성애 압력의 성격과 정도를 감안할 때, 나는 남성들의 원초적인 '여성에 대한 두려움'과 성적 만족을 모르는 여성에 대한 두려움에 기인한 결과로서 남성들이 여성들을 통제할 필요가 있게 된다는 (호니Karen Horney, 헤이스H. R. Hayes, 레더러Wolfgang Lederer, 그리고 가장 최근에는 디너스틴과 같은 저자들이 제안하는 유의) 정신분석학적 관점에 의문을 제

---

33. 같은 책, 220.
34. 같은 책, 221.

기하고 싶다. 남성들이 진짜로 걱정하는 것은 여성들이 성욕을 자신에게 강요할 것이라거나 여성들이 그들을 빨아들이고 질식시킬지 모른다는 두려움이 아니라, 여성들이 자신에게 무관심해질 수 있다는 두려움, 남성들이 오직 여성의 방식으로만 여성에게 성적이고 감정적인—따라서 경제적인—접근을 할 수 있을지도 모른다는 두려움, 그러지 않으면 매트릭스의 주변부에 남게 될 것이라는 두려움인 것으로 보인다.

캐슬린 베리는 여성에 대한 남성의 성적 접근을 보장하는 수단에 관해 철저하게 조사했다.[35] 그녀는 '백인 노예'라고 알려졌지만 실은 모든 인종과 계급의 여성들이 바로 이 순간에도 연관되어 있는 국제적 여성 노예제도의 존재에 대한 경악할 만한 증거들을 광범위하게 기록했다. 조사를 바탕으로 한 이론적 분석에서 베리는 매춘, 혼인 강간, 아버지-딸 혹은 남매간 근친 강간, 아내 구타, 포르노그래피, 신부값, 딸 판매, 퍼다, 그리고 성기 절제 등 여성들을 남성에게 종속된 채 살아가게 하는 모든 강제적인 조건들 사이

35. Barry, *Female Sexual Slavery.*

에 연결 고리를 만든다. 그녀는 강간 패러다임—성폭력 피해자가 자신의 피해에 대해 책임을 져야 하는—이 여성들이 노예화의 다른 형태들을 합리화하고 받아들이게 한다고 본다. 그런 상황에서 여성은 자신의 운명을 '선택'했다거나, 수동적으로 이를 받아들인다거나, 지각없고 정숙하지 못한 행동을 통해 비뚤어지게 이를 자초했다고 간주된다. 그와는 반대로, 배리는 "여성 성 노예는 여성들이나 소녀들이 자신의 실존적 조건을 바꿀 수 없는 **모든** 상황 안에 존재한다. 어떻게 사회적 압력, 경제적 곤궁, 잘못된 신뢰 또는 애정에 대한 갈망과 같은 상태에 빠지게 되었는지와는 상관없이 그들은 거기서 빠져나올 수 없고, 성적 폭력과 착취의 대상이 된다"[36]라고 주장한다. 그녀는 광범위한 국제 여성 인신매매가 존재한다는 사실뿐 아니라 그 작동 방식, 즉 금발에 파란 눈을 지닌 중서부 가출 청소년들을 타임스스퀘어에 공급하는 '미네소타 파이프라인' 방식이라든가, 라틴아메리카나 동남아시아의 시골 빈곤층에서 젊은 여성들을 구매하는 방식, 혹은 파리 18구에서 이주 노동자들에게

36. 같은 책, 33.

메종 다바타주[37]를 소개하는 방식 등을 살피며 다양한 구체적 사례를 제시한다. "피해자를 비난"하거나 해당 여성을 병리적으로 진단하려 하는 대신, 배리는 성적 식민화 자체의 병리학, 즉 방대한 포르노그래피 산업으로 대표되며 여성을 기본적으로 "남성들에게 성적 서비스를 해야 할 책임이 있는 성적 존재"로 여기는 "문화적 사디즘"의 이데올로기를 조명한다.[38]

배리는 자신이 "성적 지배 관점"이라 지칭한 것에 대해 기술한다. 객관성을 주장하는 그 관점을 통해 보면, 여성을 향한 남성의 성적 학대와 테러리즘은 자연스럽고 불가피한 것으로 취급되며 거의 드러나지 않는다. 이 관점에서 볼 때, 여성은 남성의 성적 욕구와 정서적 욕구를 만족시킬 수 있는 한 소모품으로 취급된다. 이 지배의 관점을 젠더 편향된 폭력과 이동권의 제약, 남성의 성적·정서적 접근권으로부터 여성의 기본적 자유를 보장하는 보편적 기준으로 대체하는 것이 그녀의 책이 가진 정치적 목적이다. 『부인과/생

---

37. maisons d'abattage. 프랑스의 열악한 매춘업소.—옮긴이
38. 같은 책, 103.

태학Gyn/Ecology』의 저자 메리 데일리와 마찬가지로 배리는 성적 고문과 반여성적 폭력에 대한 구조주의적, 문화상대주의적 합리화를 거부한다. 첫 장에서 그녀는 독자들에게 무지와 부인으로 편리하게 도피해버리는 태도를 거부할 것을 요구한다. "우리가 숨기만 하지 않고, 꼼짝없이 방어만 하는 형국을 타개할 유일한 방법은 여성이 당하는 성적 폭력과 지배에 관해 전부 알아내는 것이다. (…) **알고**, 직접 대면한다면, 여성 성 노예가 원천적으로 불가능한 세계를 구상하고 창조함으로써 이 억압으로부터 벗어날 길을 계획하는 법을 배울 수 있다."[39]

"우리가 그 관행에 이름을 붙이고, 개념 정의와 형태를 부여하고, 시공간을 넘어 그것의 생태를 실질적으로 보여주기 전까지는 가장 명백한 피해자들도 그 지배를 명명하거나 자신의 경험을 정의할 수 없을 것이다."[40]

그러나 여성은 모두 각기 다른 방식과 수준에서 희생자다. 그리고 배리가 명확하게 파악하고 있듯이 여성 성 노예

39. 같은 책, 5.
40. 같은 책, 100.

에 대한 명명과 개념화가 가지는 문제의 일부는 강제적 이성애다. 강제적 이성애는 세계적인 매춘 고리와 성산업 조직들에서 알선업자와 포주의 업무를 단순화해주는 반면, 가정이라는 사적 영역에서는 딸이 아버지의 근친상간/강간을 '받아들이도록' 유도하고, 그런 일이 벌어진다는 사실을 어머니가 부인하게 하며, 아내가 자신을 폭행한 남편과의 생활을 유지하게 만든다. '친구 되기 혹은 사랑하기'는 가출 청소년이나 혼란스러워하는 어린 소녀를 포주에게 조미료로 넘겨주는 알선업자의 주요 전략이다. 배리가 충분히 기록했듯 동화, 텔레비전, 영화, 광고, 유행가, 결혼 예식 등 어린 시절부터 소녀를 향해 쏟아지는 이성애 로맨스 이데올로기는 알선업자의 손에 준비된 도구이며, 그는 이런 것들을 사용하는 데 망설임이 없다. 여성들에게 일찍부터 정서로서의 '사랑'을 세뇌시킨다는 것은 대체로 서구적 개념일지도 모른다. 그러나 남성의 성충동이 우위에 있으며 제어될 수 없다는 생각은 더욱 보편적인 이데올로기로서 영향을 미친다. 다음은 배리의 작업이 제공하는 여러 가지 통찰 중 하나다.

성적 권력은 사춘기 소년들이 자신의 성충동을 사회적으로 경험함으로써 배우는 것이기에, 소녀들 역시 성적 권력의 중심이 남성에게 있다고 배우게 된다. 소년들뿐 아니라 소녀들의 사회화에서도 남성의 성충동이 중요한 위치에 있다는 점을 고려해볼 때, 초기 청소년기는 아마도 소녀들의 삶과 발달 과정에서 남성과 동일시하는 법을 배우는 첫 번째 중요한 단계일 것이다. (…) 어린 소녀들이 자신의 성적 감정이 커져감을 인식하게 되면서 (…) 그녀는 이전까지 주된 관계를 맺고 있던 여자 친구들을 멀리하게 된다. 그렇게 여자 친구들이 인생에서 부차적인 존재가 되고, 자신의 정체성 또한 부차적인 역할을 맡게 되면서 그녀는 남성과의 동일시를 굳히게 된다.[41]

우리는 여전히, 왜 어떤 여성들은 일시적으로라도 결코 이전까지 주된 관계를 맺고 있던 다른 여성들과 멀어지지 않는지, 또 왜 사회적·정치적·지적 헌신을 남성에게 바치는 남성 동일시가 평생 성적으로 레즈비언인 사람들 사이

---

41. 같은 책, 218.

에서도 존재하는지를 질문할 필요가 있다. 배리의 가설은 우리를 새로운 질문들 속에 빠지게 하지만, 강제적 이성애가 다양한 형태로 나타난다는 사실은 분명히 해준다. 모든 것을 정복하는 남성 성충동 ―'스스로 생명력을 지니는 남성 성기'― 이라는 압도적인 신비주의 속에는 남성이 여성에 대해 성적 권리를 가진다는 법칙이 뿌리박혀 있다. 그 법칙에 따라 한편으로는 보편적인 문화적 전제로서 매춘이 정당화되고, 다른 한편으로는 "가족의 사생활과 문화적 고유성"[42]에 기반해 가족 내 성 노예제가 옹호된다. 젊은 남녀 모두가 청소년기 남성의 성충동은 한번 발동이 걸리면 스스로 책임질 수 없거나 '아니요'를 대답으로 알아듣지 못하는 것이라고 배우는데, 배리에 따르면 이는 **성적 발달이 억제된**arrested sexual development 상태라는 명분으로 성인 남성이 보이는 성적 행동의 규범과 근거가 된다. 여성들은 이 '충동'의 불가피함을 자연스러운 것으로 받아들이도록 배운다. 왜냐하면 우리에게 그것은 신조로 주어지기 때문이다. 이런 이유로 부부간 강간이 발생하고, 일본인 아내는 체념한 채 주

---

42. 같은 책, 140.

말이면 타이완의 기생 집결지로 가는 남편의 가방을 싸주고, 남편과 아내 사이, 남성 고용주와 여성 노동자 사이, 아버지와 딸 사이, 남성 교수와 여성 학생 사이 권력관계에는 경제적 불균형만큼 심리적 불균형도 존재하게 된다.

[남성 동일시의 효과는] 식민 지배자들의 가치를 내면화하고 자기 자신과 자신의 성을 식민화하는 일에 적극적으로 참여하는 것이다. (…) 남성 동일시는 여성이 자기 자신을 포함한 모든 여성 위에 남성을 위치시키는 행동으로, 여성들이 지녔을 수 있는 상대적 자질을 간과한 채 대부분의 상황에서 신뢰성과 지위, 중요성을 남성에게 두는 것이다. (…) 여성들과의 상호작용은 모든 면에서 열등한 것으로 여겨진다.[43]

더 깊이 탐구해봐야 할 것은 어떤 여성도 전적으로 자유로울 수 없는 이중사고double-think다. 아무리 여성 대 여성 관계, 여성 지지 네트워크, 페미니즘적 가치 체계가 신뢰받고

43 같은 책, 172

소중히 여겨지더라도, 남성의 신용과 지위를 세뇌할 경우 여전히 사고 회로에 감정의 부인, 희망적인 생각, 엄청난 성적 혼동과 지적 혼동을 심어줄 수 있다는 것이다.[44] 이 단락을 쓰고 있던 날 내가 받은 편지 한 통을 여기 인용해본다. "저는 남성과 매우 나쁜 관계를 맺어왔습니다. 매우 고통스러운 이별의 한가운데 있는 지금은 여성들을 통해 제 힘을 찾아내고자 노력하고 있습니다. 친구들이 없었다면, 저는 살아남지 못했을 것입니다." 하루에도 얼마나 자주 여성들이 이렇게 말하거나 생각하거나 기록했던가? 그리고 그 사고 회로는 얼마나 자주 다시 발동되어왔던가?

배리는 자신의 발견에 대해 이렇게 요약한다.

성적 발달이 억제되었기 때문이라는 명분이 남성들에게 일반적인 것으로 이해된다는 점을 생각하면, 또 매춘 알선업자, 포주, 인신매매단, 그에 가담하는 부패한 공무원, 업주,

---

44. 다른 곳에서 나는 남성 동일시(male-identification)가 백인 여성의 인종주의의 강력한 원천이며, 남성의 법과 시스템에 '불충하다'고 간주돼온 여성들이야말로 그런 인종주의에 맞서 적극적으로 싸워온 이들이라고 주장했다. Adrienne Rich, *On Lies, Secrets and Silence: Selected Prose*, (New York: Norton), 1979.

경영자, 집창촌과 임시 숙소와 유흥 시설의 종업원, 매춘업
과 연루된 포르노 공급자, 아내 구타자, 아동 성범죄자, 근
친 강간을 자행하는 자, 성 구매자, 강간범의 숫자를 생각하
면, 여성 성 노예제에 수많은 남성들이 연루되어 있다는 사
실에 순간적으로 아찔해질 수밖에 없다. 이러한 관행에 엄
청난 수의 남성이 연루돼 있다는 사실은 성폭력 위기 상황
에 대한 국제적 비상사태를 선포해야 할 이유가 된다. 그러
나 경보를 울려야 할 원인이 오히려 정상적인 성관계로 받
아들여진다.[45]

　상당히 추론적이지만 풍부하고 도발적인 논문에서 수전
캐빈은 아이들은 포함하지만 남성 청소년은 제외하는 원래
의 여성 집단이 남성들에게 침범당해 그들이 수적으로 우
세해지면서 가부장제가 성립된다는 점, 그리고 가부장적
결혼이 아니라 아들에 의한 어머니 강간이 남성 지배의 첫
행동이라는 점을 시사한다. 이런 일이 벌어지는 것은 단순
히 성비가 변화했기 때문만이 아니라, 배제되는 연령대를

45. Barry, *Female Sexual Slavery*, 220.

지나서도 모체matrix 안에 남아 있기 위해 남성 청소년들이 어머니-아이 간 유대를 조작했기 때문이다. 남성의 성적 접근권을 성립시키기 위해 모성애가 이용되었고, 그 후로도 그들은 힘으로 (혹은 의식의 통제를 통해) 그것을 지켜내야 했다. 왜냐하면 원래의 성인 간 깊은 유대는 여성을 위한 여성의 유대였던 것이다.[46] 나는 이 가설이 매우 도발적이라고 생각하는데, 강제적 이성애에 복무하는 잘못된 인식 형태 중 하나가 여성과 남성 사이에 어머니-아들 관계를 유지시키는 것이기 때문이다. 이는 여성들이 성추행자와 강간범, 그리고 학대자들(수동적으로 그들의 피를 빨아먹는 남자들도 마찬가지로)에게 모성적 위로와 무조건적 보살핌, 연민을 제공해야 한다고 요구하는 것을 포함한다. 얼마나 많은 강하고 적극적인 여성들이 자신의 아들이라는 이유로, 다른 사람이라면 받아들이지 않았을 남성적 허세를 받아들이고 있는가?

그러나 그 기원이 무엇이든 간에 우리가 남성의 성적 영향권 안에 여성들을 잡아두기 위해 고안된 방법들의 범위

---

46. Susan Cavin, "Lesbian Origins" (Ph.D diss., Rutgers University, 1978).

와 정교함을 열심히, 정확하게 살펴보면, 우리가 페미니스
트로서 다루어야 하는 이슈는 단순히 '젠더 불평등'이라든
가 남성의 문화적 지배라든가 '동성애 금기'의 문제가 아니
라, 남성의 육체적·경제적·정서적 접근권을 보장하는 수단
으로서 여성에게 가해지는 이성애 강제가 아닌지 하는 질
문을 던질 수밖에 없다.[47] 수많은 강제 수단 중 하나는 물
론 레즈비언이 될 가능성을 비가시적으로 만드는 것이다.
이따금 한 번씩만 파편적으로 수면 위로 드러났다가 다시
잠겨버리는 대륙처럼 말이다. 레즈비언을 비가시화하고 주
변화하는 데 기여하는 페미니즘 연구와 이론은 실제로 집
단으로서의 여성이 해방되고 힘을 얻지 못하게 하고 있다.[48]

---

47. 내가 이성애를 경제적 제도로서 파악하게 된 것은 리사 레그혼과 케서린 파커가 아
직 출간되지 않은 그들의 책, *Woman's Worth: Sexual Economics and the World
of Women* (London and Boston: Routledge and Kegan Paul, 1981)의 원고를
읽도록 허락해준 덕분이다.

48. 나는 레즈비언이라는 존재가 이성애의 '일탈' 버전과 닮은 곳에서 가장 인정받고 용
인되어왔다고 생각한다. 예를 들어 레즈비언들이 거트루드 스타인과 앨리스 B. 토
클라스처럼 이성애 역할을 연기해오거나(또는 공개적으로는 그렇게 여겨졌다거
나) 주로 남성 문화와 동일시해온 장소들에서 말이다. 다음도 참조하라. Claude E.
Schaeffer, "The Kuterai Female Berdache: Courier, Guide, Phophetess and
Warrier" *Ethnohistory* 2, no. 3 (Summer 1965): 193~236. (Berdache란 "명확
한 생물학적 성별을 지녔으나 반대 성별의 역할이나 지위를 가장하는 개인, 그리
고 공동체 내에서 생물학적으로 하나의 성별적 존재로서 간주되지만 반대 성별의

'대부분의 여성은 선천적 이성애자'라는 가정은 많은 여
성들에게 이론적·정치적 걸림돌이다. 이는 쉽게 옹호될 수
있는 가정으로 남아 있는데, 한편으로는 레즈비언 존재가
역사에서 배제되거나 질병의 하위 항목으로서 분류되어왔
기 때문이고, 한편으로는 본질적이기보다는 예외적인 것으
로 취급되어왔기 때문이다. 또 다른 한편으로 여성에게 이
성애는 '선호'의 문제가 아니라 부과되고 관리되고 조직되
고 선전되며 강제력에 의해 유지되어야 했던 무언가임을
인정하는 것이 스스로를 자유롭고 '선천적인' 이성애자라
고 여기는 여성에게 엄청나게 큰 일이기 때문이다. 그럼에
도 이성애를 제도로서 검토하는 데 실패하는 것은 마치 자
본주의라는 이름의 경제체제나 인종주의 카스트제도가 신
체적 폭력과 허위의식을 포함해 다양한 힘에 의해 유지된
다는 사실을 인정하는 데 실패하는 것과 마찬가지다. 여

역할과 지위를 가장해온 개인"을 뜻한다. "The Kuterai Female Berdache," 231.)
또 레즈비언의 존재는 (르네 비비안Renee Vivien과 나탈리 클리퍼드 바니Natalie
Clifford Barney 같은 파리의 살롱 레즈비언들에게 매료되는) 상류층의 엘리트적,
퇴폐적 문화 현상이라든가, 주디 그랜(Judy Grahn)이 *The Work of a Common
Woman* (New York: St. Martin's Press, 1980)과 *True to Life Adventure Stories*
(Oakland: Diana Press, 1981)에서 묘사하듯 "평범한 여성"을 모호하게 만드는 이
로 격하되어왔다.

성들의 이성애가 정말로 '선호' 혹은 '선택'인지 질문하는 일—그리고 그에 따르는 지적·정서적 작업을 수행하는 일— 은 이성애자로 정체화한 페미니스트들 사이에서는 특별한 수준의 용기를 요구하게 될 테지만 그 보상은 클 것이다. 이는 사고를 해방시키고, 새로운 길을 탐험하고, 또 다른 엄청난 침묵을 산산조각 내며, 개인적 관계를 더욱 선명하게 해줄 것이다.

Ⅲ

레즈비언이라는 단어는 임상적이며 제한적인 느낌을 지니고 있기 때문에, 나는 '레즈비언 존재'와 '레즈비언 연속체'라는 용어를 사용하기로 했다. **레즈비언 존재**라는 개념은 레즈비언이 역사적 존재라는 사실과 우리가 그 존재의 의미를 계속해서 창조하고 있음을 시사한다. **레즈비언 연속체**라는 용어를 통해서는 단순히 한 여성이 다른 여성과 생식기를 통한 성적 경험을 가졌다거나 의식적으로 열망했다는 사실이 아니라, 개별 여성의 삶과 전체 역사를 관통하는 다양한 여성 동일시의 경험을 아우르려 한다. 만약 우리가 이 개념을 확장해 내면의 삶을 풍부하게 공유하고, 서로 결속해 남성의 폭압에 저항하며, 실제적이고 정치적인 지지를 주고받는 등 여성 둘 혹은 여럿 사이에서 이루어지는 원초적 강렬함의 형태들을 더 다양하게 아우른다면, 또 만약 우리가 이 개념 안에서 '결혼에 저항함'이라든가 메리 데일리가 언급한 "볼품없는haggard"('다루기 힘든', '제멋대로인', '아무하고나 마구 놀아나는', '정숙하지 못한', '구애에 넘어오지 않는' 여자를 뜻하는 폐어)[49] 행동 같은 것을 연상한다는 점을 의식할 수 있다면, 우리는 '레즈비어니즘'을 대개 임상적 의미로 제한되게 정의해온 탓에 접근할 수 없었던 여성의 역사와 심리를 폭넓게 파악할 수 있을 것이다.

레즈비언 존재는 금기를 깨고 삶에 강제된 방식을 거부한다. 또 여성에 대한 남성의 접근권을 직간접적으로 공격하기도 한다. 그러나 우리가 우선 이것을 가부장제에 대한 저항 행위로 여긴다 하더라도, 레즈비언 존재는 그 이상의 것이다. 그 안에는 물론 역할 연기, 자기혐오, 망가짐, 알코올중독, 자살, 그리고 여성 간 폭력이 포함된다. 우리는 사

---

49. Daly, *Gyn/Ecology*, 15.

랑하면서도 정상에서 어긋난 행동을 해 무거운 처벌을 받는다는 것이 무엇인지에 대해 위험을 감수하고 낭만화한다. 레즈비언 존재는 (예컨대 유대교도나 가톨릭 신자와는 달리) 전통과 연속성, 사회적 토대에 관한 어떤 지식에도 접근하지 못한 채 살아왔다. 레즈비언의 존재를 기록하는 문헌과 기념물, 편지들의 파괴는 여성들에게 계속해서 이성애를 강제하는 수단으로서 매우 심각하게 받아들여져야 한다. 우리의 지식에 허락되지 않은 것은 죄책감, 자기 배반, 고통뿐 아니라 기쁨, 관능, 용기, 그리고 공동체이기도 하기 때문이다.[50]

역사적으로 레즈비언들은 남성 동성애의 여성 버전으로 '포함'됨으로써 정치적 실존을 박탈당해왔다. 둘 다 낙인찍혀 있다는 사실을 들어 레즈비언 존재를 남성 동성애

---

50. "여성들이 남성들과 관계를 맺고 남성에게 봉사하지 않고서는 생존할 수 없는 적대적인 세계에서 모든 여성 공동체가 간단히 지워졌다. 역사는 거부하고 싶은 것들을 묻어버리는 경향이 있다." Blanche W. Cook, "Women Alone Stir My Imagination: Lesbianism and the Cultural Tradition," *Signs* 4, no. 4 (Summer 1979): 719~720. 뉴욕에 있는 레즈비언 허스토리 아카이브는 레즈비언 존재에 관한 동시대의 기록들을 보존하려는 시도로서 엄청난 가치와 의미를 지닌 프로젝트로, 계속되는 검열과, 다른 아카이브와 문화의 어딘가에서 벌어지는 관계, 네트워크, 공동체의 소멸에 여전히 맞서 대항하고 있다.

와 동일시하는 것은 여성의 현실을 한 번 더 삭제하는 처사다. '동성애자' 또는 '게이'로 낙인찍힌 그 여성들을 예속에 저항하는 여성들의 복잡한 연속성으로부터 분리해 남성적 양식에 가져다 붙이는 것은 우리 역사를 위조하는 행위다. 레즈비언 존재의 역사 일부는 분명 일관된 여성 공동체가 부족한 상황에서 레즈비언들이 동성애자 남성들과 일종의 사회적 삶과 명분을 공유해온 지점에서 발견할 수 있다. 그러나 둘 사이의 차이 또한 대비해 보았어야 한다. 여성은 남성에 비해 경제적·문화적 특권을 갖지 못하고 있으며, 여성들의 관계와 남성들의 관계에는 질적 차이가 존재한다. 이를테면 남성 동성애자들 사이에서 익명의 대상과 하는 섹스가 유행하고, 소년과의 성관계를 정당화하며, 성적 매력의 기준에서 확고한 나이주의가 표명되는 것 등을 보면 알 수 있다. 나는 레즈비언 존재를 정의하고 묘사하는 일이 레즈비언을 남성 동성애의 가치와 그에 대한 충성으로부터 분리해내는 방향으로 나아가기를 희망한다. 나는 레즈비언 경험이 어머니됨motherhood과 같이 특수한 억압과 의미, 그리고 잠재력을 지닌 완전히 **여성적인** 경험이라고 생각하는데, 성적으로 낙인찍힌 다른 존재들과 단순히 함께 묶여 취급되는 한 그런 특수성을 알 길이 없다. 부모 됨parenting이라는 용어가 실제로 엄마로서 양육자가 된다는 것의 특수하고 중요한 현실을 지우는 데 기여하는 것처럼, '동성애자gay'라는 용어는 페미니즘과 집단으로서의 여성의 자유를 위해 대단히 중요한, 우리가 반드시 식별해야 할 경계들을 흐린다.

가부장적 정의 안에서 레즈비언이라는 용어가 임상적인 함의로 제한돼 여겨져왔기 때문에, 여성들 간 우정과 동지애는 성애적인 것과는 별개로 설정되었고, 이는 결과적으로 성애 자체를 제한한 셈이 되었다. 그러나 우리는 레즈비언 존재의 정의를 확대하고 심화시켜 레즈비언 연속체를 설명하면서 여성적 의미의 성애를 발견하기 시작한다. 그것은 몸의 특정 부분이라든가 몸 자체에 한정되지 않으며, 단지 널리 퍼져 있는 에너지일 뿐 아니라 오드리 로드Audre Lorde가 묘사했듯 "육체적, 감정적, 심리적 기쁨을 공유"하고 작업을 공유하는 곳 어디에나 존재하는 에너지이고, "무력감이나 체념, 절망, 자기 소멸, 우울, 자기 부정과 같이 원래의 내가 아닌 존재가 되게 하는 상태를 받아들이는 행동을 덜하게 만드는" 힘이 되는 기쁨이다.[51] 또 다른 맥락에서 여성과 일에 관한 글을 쓰면서 나는 시인 H. D.가 자신의 원숙한 작업을 형성해준 예지력 있는 경험이 지속될 수 있도록 친구인 브라이어Bryher가 어떻게 지원해주었는지에 대해 다음과 같이 묘사한 구절을 인용했다.[51]

나는 내 앞의 벽에 쓰인 글을 마주하는 이 경험을 내 곁에 매우 용감하게 서 있는 이 여성을 제외하고는 누구와도 공유할 수 없다는 사실을 알고 있었다. 이 여성은 망설임 없이 "계속해"라고 말했다. 그녀는 진정 델포이의 무녀와 같은 객관성과 진실성을 가진 이였다. 그러나 그 그림을 보고 그 글을 읽으며 내적 비전을 갖게 된 것은 (…) 지치고 분리된 나였다. 아마도 어떤 의미에서 우리는 함께 '보고' 있었는지도 모른다. 그녀 없이는 틀림없이 나도 계속해나갈 수 없었을 것이므로.[52]

---

51. Audre Lorde, *Uses of the Erotic: The Erotic as Power* (New York: Out&Out Books, 1979)

52. Adrienne Rich, "The Conditions for Work: The common World of Women," *On Lies, Secrets, and Silence*, 209; H.D., *Tribute to Freud* (Oxford: Carcanet Press, 1971), 50~54.

만약 우리가 어머니의 젖을 빠는 아기, 자신의 아이가 젖을 빠는 동안 아마도 자신에게서 어머니의 젖 냄새를 떠올리며 오르가즘을 경험할 성인 여성, 버지니아 울프Virginia Woolf의 클로이와 올리비아같이 실험실을 공유하는 두 여성,[53] 여성의 돌봄을 받으며 죽어가는 90세의 여성 등 모든 여성이 레즈비언 연속체 위에 존재하고 있을 가능성을 고려한다면, 우리는 스스로를 레즈비언으로 정체화하든 그러지 않든 간에 이 연속체의 안팎을 이동하는 존재라고 볼 수 있을 것이다. 그로써 우리는 여덟아홉 살짜리 여자아이들의 태연하고 친밀한 우정에서부터 12~15세기의 베긴회 수녀들의 집단생활까지 다양한 여성 동일시의 측면들을 연결할 수 있다. (베긴회 수녀들은 "마을 장인들의 영역에 있는 작게 나누어진 싼 집에 살면서 공간을 공유하거나 서로에게 빌려주고 룸메이트에게 집을 물려주었으며", "간소하게 옷을 입고 간소하게 살며 남자와 어울리지 않는 등 스스로 기독교 신앙을 실천했고", 방적공, 제빵사, 간호사로 일하거나 어린 소녀들을 위한 학교를 운영하며 생계를 꾸렸으며, 교회가 강제로 그들을 해산시키

---

53. Woolf, *A Room of One's Own*, 126.

기 전까지 결혼과 수도원의 구속으로부터 독립적인 삶을 운영했다.[54] 또 그로써 이들은 기원전 17세기에 사포 주변에 있던 여학교의 더 유명한 '레즈비언들', 아프리카 여성들 사이에 있었던 여성회와 경제적 관계망, 결혼을 거부하거나 결혼을 했더라도 첫날밤 치르기를 거부하고 남편을 곧 떠나는 식으로 결혼에 저항했던 중국의 여성 공동체(중국에서 전족을 하지 않았던 유일한 여성들이자, 애그니스 스메들리가 말하듯 딸의 탄생을 환영하고 견직물 공장에서 성공적으로 여성 파업을 조직한 유일한 여성들)와도 연결된다.[55] 이는 결혼 저항의 이질적인 개별 사례들을 서로 연결하도록 해준다. 예를 들어

---

54. Gracia Clark, "The Beguines: A Mediaeval Women's Community," *Quest: A Feminist Quarterly* 1, no. 4 (1975): 73~80.

55. Denise Paulme, ed., *Women of Tropical Africa* (Berkeley: University of California Press, 1963), 7: 266~267. 이런 아프리카 여성회의 일부는 "남성 부류에 대항하는 일종의 방어 연합체"로 묘사된다. 그들의 목적은 "억압적인 가부장제에 결연히 저항하는 것", "남편과의 관계로부터의 독립, 그리고 모성, 상호 원조, 개인적 복수"이다. 다음도 참고하라. Audre Lorde, "Scratching the Surface: Some Notes on Barriers to Women and Loving," *Black Scholar* 9, no. 7 (1978): 31~35; Marjorie Topley, "Marriage Resistance in Rural Kwangtung," *Women in Chinese Society*, ed. M. Wolf and R. Witke(Stanford: Stanford University Press, 1978), 67~89; Agnes Smedley, *Portraits of Chinese Women in Revolution*, ed. J. MacKinnon and S. MacKinnon(Old Westbury: Feminist Press, 1976), 103~110.

19세기의 천재 백인 여성 작가인 에밀리 디킨슨Emily Dickinson
이 주장한 자율성의 형태와 20세기의 천재 흑인 여성 작가
인 조라 닐 허스턴Zora Neale Hurston이 사용했던 전략을 비교하
게 해준다. 결혼을 한 번도 한 적이 없는 디킨슨은 남성들
과 미약하게 지적 우정을 나눴으며, 고풍스러운 아버지의
집에서 스스로 수녀처럼 살았고, 올케인 수 길버트Sue Gilbert
에게 평생에 걸쳐 열정적인 편지를 썼다. 또 그만큼은 아니
지만 친구인 케이트 스콧 앤선Kate Scott Anthon에게도 그런 편
지들을 썼다. 허스턴은 두 번 결혼했지만 각각의 남편 곁을
금방 떠났고, 플로리다에서 할렘으로, 컬럼비아 대학교로,
아이티로 옮겨 다니다 마침내 다시 플로리다로 돌아오기까
지 백인의 후원과 빈곤, 직업적 성공과 실패의 안팎을 오갔
다. 그녀에게 생존을 위한 관계는 어머니와의 관계부터 시
작해 모두 여성들과의 관계였다. 서로 엄청나게 다른 환경
에 있었던 이 두 여성 모두 결혼에 저항하며 자신만의 일
과 자아에 헌신했고, 나중에는 '탈정치적인' 사람들로 특징
지어졌다. 둘 다 지적인 남성들에게 끌렸고, 두 사람에게 여
성들은 지속적인 매혹과 삶의 자양분을 제공했다.

　만약 우리가 여성들에게는 이성애가 '자연스러운' 정서

적·감각적 성향이라고 생각한다면, 이러한 삶은 그저 일탈적이거나 병적인 것, 혹은 정서적으로나 감각적으로 불우한 것으로만 보일 것이다. 또는 최근의 관대한 용어에 따르자면, 그들의 삶은 '라이프스타일' 정도의 수준으로 평범해져버릴 것이다. 그리고 단지 개인적 일상이든 집단적인 생존과 저항을 위한 행위이든 작가나 활동가, 개혁가, 인류학자, 혹은 자기 창조를 하는 예술가로서의 작업이든, 그러한 여성들의 작업은 저평가되거나 '남근 선망'의 쓰라린 결과로, 또는 억눌린 에로티시즘이 승화된 것으로, '남성 혐오자'의 의미 없는 고함으로 여겨질 뿐이다. 그러나 시선을 돌려 이성애 '선호'가 실제로 여성들에게 부과된 경로와 그 정도에 대해 생각해보면, 우리는 개인의 삶과 작업이 갖는 의미를 다르게 이해할 수 있을 뿐 아니라 여성사의 핵심, 즉 여성들이 남성의 압제에 언제나 저항해왔다는 사실을 깨달을 수 있게 된다. 행동하는 페미니즘은 항상은 아니더라도 자주 이론 없이 전개돼왔으며, 문화와 시대를 막론하고 끊임없이 다시 출현해왔다. 우리는 남성들이 정의한 "구체적인 혁명 상황들"[56]뿐 아니라 남성 이데올로기가 혁명적인 것으로 여기지 않았던 상황 속에서도 무기력에 맞선 여성들의 투쟁과 급진적인 반란에 관한 연구를 시작할 수 있다. 예컨대 큰 위험을 감수하고 다른 여성의 도움을 받으며 출산을 거부했던 여성들이나, 남성들을 위해 생활과 여가의 기준을 더 향상시키길 거부했던 여성들(레그혼Leghorn과 파커Parker는 두 경우 다 여성들이 인정받지 못하고, 대가를 받지 못하며, 노조 조직도 되지 않은 채 제공했던 경제적 기여의 일례들임을 보여준다), 앤드리아 드워킨이 주목한 대로 "전설적"이었던, 그리고 "불감증"과 "청교도적 금욕주의"로 정의되었던 여성의 반남근적antiphallic 섹슈얼리티가 사실은 "영향력이 없었을지라도 엄연한 반란"으로서 남성의 권력을 전복하는 방식이었다는 사실 등에 관한 연구가 가능해진다.[57] 우리는 여성들이 역사적 "성적 배치들" 안에서 그저 남성들에게 부역했다는 디너스틴의 관점을 더는 참아줄 수 없다. 우리는 역사적으로나 개인사적으로나 지금까지 비가시화되고 잘못 이름 붙여진 행동들, 그리고 주어진 시간과 장소에서

56. Rosalind Petchesky, "Dissolving the Hyphen: A Report on Marxist-Feminist Groups 1-5," *Capitalist Patriarcy and the Case for Socialist Feminism*, ed. Zillah Eisenstein (New York: Monthly Review Press, 1979), 387.

57. Andrea Dworkin, *Pornography: Men Possessing Women* (New York: G. P. Putnam Sons, 1981).

반대 세력이 발동되던 한계에도 불구하고 급진적인 반란을 구성했던 행동들을 관찰하기 시작했다. 그리고 우리는 이러한 반란들과 그 필요성을 여성을 향한 여성의 육체적 열정과 연결할 수 있다. 레즈비언 존재의 중심에 있는 이 성애적 관능은 여성의 경험에서 가장 폭력적으로 삭제되어 왔다.

이성애는 강제적이면서도 부지불식간에 여성들에게 강요되었지만, 어디서든 여성들은 그에 저항해왔고, 때로 신체적 고문이나 투옥, 정신외과 수술, 사회적 매장, 극심한 빈곤이라는 비용을 치러왔다. '강제적 이성애'는 1976년 여성 대상 범죄에 대한 브뤼셀 국제재판에서 "여성에 대한 범죄"의 하나로서 명명되었다. 서로 매우 다른 두 문화권 출신 여성 둘의 증언은 레즈비언 박해가 현시점에서 세계적인 관행의 수준에 달해 있음을 시사하고 있다. 노르웨이 출신 여성의 증언에는 다음과 같은 내용이 나온다.

오슬로에 있는 한 레즈비언은 이성애 결혼 생활의 어려움 때문에 진정제를 복용하기 시작했고, 마침내 치료와 재활을 위해 요양원에 가게 되었다. 가족 집단치료에서 그녀가 자신

이 레즈비언인 것 같다고 말하자, 의사는 아니라고 했다. "그
녀의 눈을 들여다보면" 알 수 있다는 것이었다. 그녀는 남편
과의 성관계를 원하는 여성의 눈을 가졌으므로 소위 '카우
치 치료'라는 걸 받았다. 그녀는 안락하게 데워진 방 안 간
이침대에 나체로 놓였고, 한 시간 동안 그녀의 남편이 (…)
그녀를 성적으로 흥분시키기 위해 노력했다. (…) 애무는 언
제나 성관계로 끝날 수밖에 없다는 생각에 따른 것이었다.
그녀는 점점 더 강하게 혐오감을 느꼈다. 그녀는 구토를 했
고 때로는 이 '치료'를 피하려 방 밖으로 도망쳐 나가기도
했다. 그녀가 자신이 레즈비언이라고 더 강하게 주장할수록
강제적인 이성애 성관계는 더욱 폭력적으로 치달았다. 이
치료는 6개월 동안 계속되었다. 그녀는 병원을 탈출했지만,
다시 붙들려 왔다. 그녀는 다시 탈출했다. 그 후로 더는 그
곳에 가지 않았다. 결국 그녀는 자신이 6개월 동안 강간을
당했다는 사실을 깨달았다.

확실히 이것은 배리가 정의한 대로 여성 성 노예제의 한
가지 사례다. 그리고 한 모잠비크 여성의 증언은 다음과 같
았다.

나는 내가 레즈비언이라는 사실을 부인하지 않을 것이고, 내 주된 헌신은 언제나 다른 여성을 향할 것이라는 이유로 망명 생활을 하게 되었다. 새로운 독립국가인 모잠비크에서 레즈비어니즘은 식민주의의 유산이자 퇴폐적인 서구 문명으로 간주된다. 레즈비언들은 자아비판을 통해 올바른 길이 무엇인지 배우도록 교정 캠프에 보내진다. (⋯) 만약 내가 여성을 향한 내 사랑을 스스로 비난하도록 강요받는다면, 그래서 나 자신을 비난하게 된다면, 나는 모잠비크로 돌아가서 모잠비크 여성의 해방을 포함해 국가를 재건하는 흥분되고 힘든 투쟁에 힘을 보탤 수도 있을 것이다. 지금 실정으로는 교정 캠프의 위험을 감수하거나, 아니면 망명 상태를 유지할 수밖에 없다.[58]

캐럴 스미스로젠버그의 연구에서 볼 수 있는 이런 여성들, 즉 결혼을 했고 여전히 혼인 상태지만 여성적 감정과 열정에 깊이 빠져 있는 여성들이 이성애를 '선호'한다든지 '선택'했다고 간주할 수는 없다. 여성들은 경제적으로 생존을

58. Russell and van de Ven, *Proceedings*, 42~43; 56~57.

위해, 경제적 박탈이나 사회적 외면을 겪지 않는 아이를 갖기 위해, 존경할 만한 존재로 남아 있기 위해, '비정상적'인 어린 시절에서 빠져나와 자신이 '정상적'이라는 느낌을 갖고자 여성으로서 기대되는 것들을 수행하려면 필요했기 때문에, 그리고 이성애 로맨스가 대단한 여성의 모험이자 의무이자 성취라고 재현되어왔기 때문에 결혼을 해왔다. 우리는 충실하게든 모호하게든 제도에 복종해왔지만, 우리의 감정과 관능은 그 안에서 결코 길들여지거나 억눌리지 않았다. 대부분의 일생 동안 이성애 결혼 관계 안에 남아 있는 레즈비언의 수를 기록한 통계자료는 존재하지 않는다. 그러나 극작가 로레인 한스베리Lorraine Hansberry는 초기의 레즈비언 잡지 《래더The Ladder》에 보낸 편지에 다음과 같이 적었다.

나는 다른 여성과의 감정적·육체적 관계를 선호하는 기혼 여성이 당면한 난관은 남성에 관한 비슷한 통계보다 심각할 것이라고 생각합니다. (분명 누구도 이런 통계를 갖고 있지 않을 테지만요.) 여성의 자산이 그러한 것이 되어왔는데, 일생 동안 '자연스러운' 운명이자 **경제적** 안전을 보장받으리라

기대되는 유일한 길이라고 가르침을 받아온 것과는 다른 삶
을 살 위험을 무릅쓰도록 준비되지 못한 여성들의 숫자를
어떻게 우리가 짐작이나마 할 수 있겠습니까. 여성들의 이
문제가 남성 동성애자들에게는 해당되지 않는 엄청난 무게
를 지니는 이유가 바로 그것인 듯합니다. (…) 강하고 정직한
여성이라면 결혼 생활을 단절하고 새로운 남성과 결혼하기
를 선택할 수 있을 테고, 사회는 이혼율이 상승한다는 사실
에 화가 나겠지요. 그러나 좌우간 미국에는 그런 여성들이
'쫓겨난 이들'과 약간이라도 유사한 존재가 될 수 있는 곳조
차 거의 없습니다. 다른 여성과의 삶을 시작하기 위해 결혼
생활을 끝내려는 여성에게는 사정이 다릅니다.[59]

남성의 관심사와 특권에 기초한 제도를 말없이 따르는
이런 **이중생활**은 여성의 특징적인 경험이 되어왔다. 모성에

---

59. 나는 《래더》에 보낸 한스베리의 편지에 주목하게 해준 조너선 캐츠의 『미국 동성애
　　자의 역사』와 《래더》의 해당 페이지 사본을 제공해주고 인용을 허락해준 바버라 그
　　리어에게 신세를 졌다. 《래더》의 재판본 시리즈를 비롯해 다음을 참고하라. *Ladder*,
　　ed. Jonathan Katz et al.(New York: Arno Press); Diedre Carmody, "Letters by
　　Eleanor Roosevelt Detail Friendship with Lorena Hickok," *New York Times*,
　　October 21, 1979.

서도 그렇고, 구애 의식을 포함한 여러 종류의 이성애적 행동을 한다거나, 19세기 여성들처럼 무성애적 존재를 가장하거나, 매춘부들과 '성적으로 자유로운' 20세기 여성들이 오르가즘을 흉내 내는 등의 경험을 보면 말이다.

대공황기를 다룬 메리델 르슈어Meridel LeSueur의 다큐멘터리 소설 『소녀The Girl』는 여성의 이중생활에 대한 연구로서 이목을 끈다. 세인트폴의 노동자계급 주류 밀매점의 웨이트리스인 주인공은 부치라는 이름의 젊은 남성에게 열정적으로 매력을 느끼지만, 그녀를 생존하게 하는 건 나이가 더 많은 웨이트리스이자 매춘부인 클라라, 바 주인의 아내인 벨, 그리고 노조 활동가인 아멜리아와의 관계다. 클라라와 벨, 그리고 주인공에게 남성과의 섹스는 한편으로 잔인한 잿빛 일상에서의 강렬한 불꽃이자 근본적인 비참함에서 탈출하는 방편이다.

그는 나를 끌어들이는 자석 같았다. 흥분되고, 강력했고, 무서웠다. 그 역시 나를 따라다니고 있었고, 그가 나를 발견했을 때 나는 도망치거나 겁에 질려서 뭐라도 된 것처럼 그 앞에 그저 서 있었다. 그리고 그는 내게 클라라와 함께 돌아다니며 메리골드에 가서 낯선 이들과 춤을 추지 말라고 했다. 그러면 나를 죽도록 패버리겠다고 했다. 이 일은 나를 흔들어놓고 덜덜 떨리게 만들었지만, 고통으로 가득 차 영문도 모른 채 껍데기가 되는 것보다는 나았다.[60]

이중생활이라는 주제는 소설 전반에 걸쳐 등장한다. 다음은 벨이 주류 밀매업자 호잉크와의 결혼을 회상하는 대목이다.

너 그거 아니, 내가 그 시꺼멓게 된 눈을 해가지고 눈을 찬장에 부딪혔다고 말했을 때 있잖아, 그거 그 나쁜 새끼가 그런 거야. 그러고선 아무에게도 말하지 말라고 했어. (…) 그는 미쳤어, 그런 놈이야. 나는 내가 왜 그와 살고 있는지, 대체 왜 그를 일 분이라도 참아주고 있는지 모르겠어. 근데 잘 들어봐, 중요한 얘기를 해줄게, 하고 그녀가 말했다. 그녀가 나를 쳐다보았고 그녀의 얼굴은 경이로웠다. 그녀는 말했다.

---

60. Meridel LeSueur, *The Girl* (Cambridge: West End Press, 1978), 10~11. 르슈어는 이 책의 후기에서 대공황기 동안 작가 그룹으로 만났던 노동자 연합의 여성들의 글과 구술에 기반해 이 책을 쓰게 된 경위를 설명한다.

제기랄, 나는 그 망할 놈을 사랑하고 있어. 그래서 내가 평생 이렇게 낚여 있는 거야. 젠장, 그 망할 놈을 내가 사랑한다고.[61]

주인공이 부치와의 첫 섹스를 한 이후, 그녀의 여자 친구들은 피 흘리는 그녀를 돌봐주고, 위스키를 가져다주며, 서로 의견을 교환한다.

아이고 내 팔자야, 처음이었고 난 곤경에 빠졌지. 그가 나에게 약간의 돈을 주어서 10달러만 내면 커다란 수의사의 바늘을 꽂아 넣을 수 있는 세인트폴에 온 거야. 그리고 그걸 시작했고, 그다음 혼자가 되었지. (…) 나는 아이를 가져본 적이 없어. 엄마 노릇 해줘야 할 상대는 호잉크뿐인데, 아주 지옥 같은 아이지.[62]

이후 그들은 나를 클라라의 방으로 돌아가 눕게 했다. (…) 클라라는 내 옆에 누워서 내게 팔을 둘렀고 내가 그 일에

---

61. 같은 책, 20.
62. 같은 책, 53~54.

대해 말해주기를 원했지만 자기 이야기를 하고 싶어 했다. 그녀는 열두 살 때 한 낡은 창고에서 한 무리의 소년들과 처음으로 그걸 했다고 말했다. 그전에는 누구도 자신에게 관심을 기울이지 않았지만 이후에는 엄청 유명해졌다고 말했다. (…) 그들은 그걸 매우 좋아했어, 그녀는 말했다. 그들에게 그걸 주고 선물이나 관심을 받지 않을 이유가 뭐가 있겠어? 나는 전혀 신경 쓰지 않았고 우리 엄마도 그랬지. 하지만 그게 내가 가진 유일하게 가치 있는 것이었어.[63]

섹스는 이처럼 잔인하고 유아적이거나 믿을 만하지 않음에도 불구하고 카리스마 있는 남성으로부터 받는 관심과 동일시된다. 그러나 서로의 삶을 견딜 만한 것으로 만들어가고, 고통을 유발하지 않는 육체적 애정을 베풀고, 공유하며, 충고하고, 서로의 곁을 지키는 건 여성들이다. (나는 여성들을 통해 나의 강함을 찾아내려 노력하고 있다. 친구들이 없었다면 나는 살아남지 못했을 것이다.) 르슈어의 『소녀』는 여성의 이중생활을 폭로하는 또 다른 작품인 토니 모리슨Toni

63. 같은 책, 55.

Morrison의 놀라운 소설 『술라Sula』와 유사하다.

넬은 그녀에게서 아무것도 원하지 않고 그녀의 모든 면을
받아들인 유일한 사람이었다. (…) 넬의 존재는 [술라가] 메
달리언으로 되돌아온 이유 중 하나였다. (…) 남자들은 (…)
커다란 하나의 인격으로 합쳐졌다. 똑같은 사랑의 언어, 똑
같은 사랑의 유희들, 똑같은 사랑의 냉각. 그들이 문지르고
가는 곳에 그녀가 자신의 내밀한 생각을 꺼내놓을 때마다,
그들은 자신들의 눈을 가렸다. 그들은 사랑의 속임수 외에
는 아무것도 그녀에게 가르쳐주지 않았고, 걱정 외에는 무
엇도 공유하지 않았으며, 돈 말고는 무엇도 주지 않았다. 그
녀는 내내 친구를 찾고 있었고, 여성에게 연인이란 동지가
아니며 결코 그렇게 될 수 없다는 사실을 깨닫기까지는 시
간이 조금 걸렸다.

술라는 마지막 죽음의 순간에서야 '넬에게 말을 해야 하
는데'라고 생각했다. 그리고 술라의 죽음 이후, 넬은 그녀의
삶을 돌아본다.

"언제나, 내내, 나는 내가 주드를 그리워한다고 생각했어." 그리고 상실감이 그녀의 가슴을 누르다가 목구멍으로 올라왔다. "우리 둘 다 소녀였는데." 그녀는 무언가를 설명하듯 말했다. "오 주여, 술라." 그녀는 울었다. "소녀, 소녀, 소녀! 소녀였는데!" 크고 긴, 하지만 바닥도 꼭대기도 없는, 마냥 슬픔을 돌고 도는 순수한 울음이었다.[64]

『소녀』와 『술라』 둘 다 최근 상업소설들의 얕고 선정적인 '레즈비언 장면들'과는 대비되는 레즈비언 연속체를 보여주고 있다.[65] 두 소설은(르슈어의 소설은 마지막까지) 낭만주의로 흐려지지 않은 여성 동일시를 보여준다. 각각은 여성들의 관심을 얻기 위해 경쟁하는 이성애적 강박을, 사랑과 권

---

64. Toni Morrison, *Sula* (New York: Bantam Books, 1973), 103~104; 149. 나는 다음의 문헌 덕분에 처음으로 이 소설이 여성 동일시에 관한 소설임을 알게 되었다. Lorraine Bethel, "'This infinity of conscious pain': Zora Neale Hurston and the Black female literary tradition," *All the Women Are White, All the Blacks Are Men, But Some of Us Are Brave: Black Women's Studies*, ed. Gloria T. Hull, Patricia Bell Scott, and Barbara Smith(Old Westbury: The Feminist Press, 1982).

65. 다음을 참고하라. Maureen Brady and Judith McDaniel, "Lesbians in the Mainstream: The Image of Lesbians in Recent Commercial Fiction," *Conditions* 6 (1979).

력을 더욱 의식적인 형태로 재통합할 수 있는 여성 간 유대의 확산과 좌절을 그린다.

IV

여성 동일시는 에너지의 원천이자 여성적 힘의 잠재적 원천으로서, 이성애 제도하에서 폭력적으로 축소되고 허비되었다. 여성이 여성을 향해 열정을 갖고 여성을 동료, 일생의 동반자, 공동체로 선택하는 일의 현실성과 가시성을 부인하는 것, 그리고 그런 관계들을 은폐하고 강압적으로 파괴하는 것은 **성별 간 사회적 관계를 바꿔내 우리 자신과 서로를 해방시키고자 했던** 모든 여성들의 힘에 막대한 손실을 가져왔다. 여성에게 부과되는 강제적 이성애의 거짓말은 오늘날 여성학계뿐 아니라 모든 직업, 모든 참고 문헌, 모든 커리큘럼, 모든 조직화 시도, 모든 관계 또는 대화 주변을 맴돌며 피해를 입히고 있다. 모든 이성애적 관계는 이 거짓의 메스꺼운 조명 아래서 일어나기 때문에, 이성애적 대화에서는 특히 심각한 허위와 위선, 히스테리가 만들어진다. 우리가 아무리 자신을 스스로 정체화하기로 선택한다 해

도, 우리가 아무리 자신에게 꼬리표가 붙어 있음을 깨닫는
다 해도, 그 거짓말은 우리 삶을 일그러뜨린다.[66]

강제적 이성애의 거짓말은 여성에게 용인되는 한도 너머
를 볼 수 없게 해 마음과 영혼, 섹슈얼리티를 주어진 각본
에 끼워 맞추려 하면서 무수한 여성들을 정신적으로 간혀
있게 만든다. 그 거짓말이 '벽장 안에 있는' 레즈비언들의
에너지를 고갈시키는 것처럼, 많은 여성들의 에너지가 그러
한 이중생활 속에서 고갈된다. '벽장'에 갇힌 레즈비언과 '정
상'이라는 주어진 관념에 갇힌 여성은 선택지를 박탈당하
고, 서로 간 연결이 끊어지며, 자유롭고 힘 있게 스스로를
정의할 수 없게 된다는 고통을 공유한다.

그 거짓말은 다층적이다. 서구 전통에서 하나의 층위로
자리 잡고 있는 낭만주의 서사는 무모하고 비극적일지라
도 여성은 필연적으로 남성에게 끌리며, 심지어 그 끌림이
자살행위 같은 것일지라도(예컨대 〈트리스탄과 이졸데Tristan und
Isolde〉나 케이트 쇼팽의 『각성The Awakening』에서처럼) 그것은 여전

---

66. Russell and van de Ven, *Proceedings*, 40을 보라. "자신에게 섹슈얼리티에 관한
자유로운 선택권이 없음을 깨닫는 이성애자 여성은 드물고, 어떻게 그리고 왜 강제적
이성애가 자신에게 범죄일 수도 있는지를 깨닫는 이성애자 여성도 드물다."

히 자연스러운 명령이라고 단언한다. 사회과학의 전통에서
는 남녀 간의 사랑이 '정상'이며, 여성은 성인으로서의 섹슈
얼리티와 심리적 완성을 위해서도 그렇고, 사회적·경제적
보호자로 남성을 '필요로 한다'고 주장한다. 또 이성애적으
로 구성된 가족이 사회의 기본 단위이고, 남성에게 전념하
지 못하는 여성들은 기능적 측면에서 볼 때 여성으로서의
외부자성보다 훨씬 더 혹독한 외부자성을 짊어져야 한다
고 주장한다. 레즈비언이 남성 동성애자보다 더 숨겨진 인
구 집단으로 보고된다는 것은 크게 놀랄 일도 아니다. 흑인
레즈비언 페미니스트 비평가인 로레인 베설Lorraine Bethel은 조
라 닐 허스턴에 관한 글을 쓰면서 흑인 여성이 이미 이중의
외부자 정체성을 가지고 있음에도 또 다른 "미움받는 정체
성"을 받아들이기로 선택하는 것은 정말로 문제가 되는 일
이라고 언급한다. 그러나 레즈비언 연속체는 아프리카와 미
국 양국에서 흑인 여성들의 생명선이었다.

  생존을 위한 필수 정보의 원천이자 심리적·정서적으로 지
  원해주는 흑인/여성 공동체 안에서 (…) 우리는 유대를 돈
  독히 다지는 오랜 전통을 지니고 있다. 우리는 우리 삶의 현

실에 특화된 상징과 언어, 표현 방식 등 이 사회에서 흑인 여성으로서 경험한 것들에 기반한 우리만의 독특한 민속 문화를 지니고 있다. 문학이나 다른 인정된 형태의 예술적 표현 방식들에 접근할 수 있었던 흑인 여성들은 거의 없었 기 때문에, 이러한 유대감과 정체성은 흑인 여성 전통에 관 한 우리의 기억을 통해 개인적 삶에 각인되는 것을 제외하 고는 종종 숨겨졌고 기록되지 않았다.[67]

자주 접하게 되는 또 다른 층위의 거짓말은 여성들이 남 성들에 대한 증오 때문에 여성 쪽으로 관심을 돌린다는 것 이다. 남성에 대한 깊은 회의론, 경계, 정당한 편집증은 지배 적인 남성 문화에 내재되어 있는 여성 혐오에 대해, '정상적 인' 남성 섹슈얼리티로 가정되는 형태들에 대해, 그리고 **예 민하거나 '정치적인' 남성들조차 이러한 문제를 인지하거나 발견하지 못하는** 데 대해 여성들이 나타낼 수 있는 건강한 반응의 일부일 수 있다. 그러나 여성 혐오는 문화에 너무나 깊이 뿌리박혀 있고, 너무나 '정상적인' 것으로 보이며, 사회

67. Bethel, "This Infinity of Conscious Pain."

현상으로서 여겨지지 않은 채 너무나 방치되어 있어서, 페미니스트와 레즈비언을 포함한 많은 여성들이 그들의 삶에서 영구적으로 뚜렷하고 강렬한 형태를 취하기 전까지는 그것에 대해 알아차리지 못한다. 레즈비언 존재는 여성들 사이의 열광적이고 힘을 실어주는 감동이기보다는 겨우 남성의 학대에서 벗어나기 위한 피난처 정도로 나타난다. 나는 레즈비언 관계에 관해 가장 자주 인용되는 문학작품 중 하나가 콜레트Colette의 『방랑자The Vagabond』라는 점이 흥미롭다. 그 소설에서 르네는 "아마도 서로의 팔에서 잠들고 흐느끼며, 종종 잔인한 남자로부터 안전한 안식처, **어떤 쾌락보다도 낫고, 서로 비슷하게 느끼는 씁쓸한 행복과 취약함과 망각을 경험할 안식처를 찾았을** 두 연약한 피조물의 우울하고 감동적인 이미지"(강조 추가)[68]를 묘사한다. 콜레트는 종종 레즈비언 작가로 간주된다. 내 생각에 그녀의 대중적인

---

68. 가장 최근에 이 단락을 인용한 디너스틴은 다음과 같이 불길하게 덧붙인다. "그러나 그녀의 설명에 덧붙여져야 하는 것은 이 '서로 얽힌 여성들'이 피하려는 대상은 단지 남성들이 그들에게 행하려는 것만이 아니라 그들 자신이 서로에게 행하길 원하는 것이기도 하다." The Mermaid and the Minotaur, 103. 그러나 '여성 대 여성' 폭력은 모든 사회제도에서 저질러지고 합리화되는 '남성이 여성에게 가하는' 폭력의 세계에 비하면 미미한 낱알에 불과하다.

명성은 마치 남성 독자들을 위해 레즈비언 존재에 관해 쓴 듯하다는 사실과 매우 관련이 있는 것 같다. 게다가 그녀의 초기 '레즈비언' 소설인 '클로딘Claudine 시리즈'는 남편의 강요에 따라 쓰여 두 사람의 공저로 출판되기도 했다. 아무튼 내 생각에 콜레트는 자신의 어머니에 대해 쓴 작품을 제외하고는 레즈비언 존재에 관한 신뢰할 만한 자료를 제공한다고 말하기 어렵다. 생존을 위한 여성들의 투쟁에서 여성들이 누군가의 동료이자 멘토이자 위안자가 되어야 할 때, 각자가 가진 힘을 알아봐주는 과정에서 서로의 마음과 성격에 매료되고, 함께한다는 데서 오는 상당히 이질적인 기쁨이 있다는 사실을 이해한 샬럿 브론테Charlotte Brontë보다도 말이다.

같은 이유로, 우리는 제도화된 이성애에도 불구하고 애인이나 인생 동반자로 여성을 선택하는 행동에 **초기 단계의** 페미니즘적 정치성이 있다고 말할 수 있다.[69] 그러나 레즈비언 존재가 궁극적인 해방의 형태로 이 정치성을 실현하려면, 성애적 선택은 반드시 의식적인 여성 동일시, 즉 레

69. 1970년 3월, 블랜치 쿡(Blanche W. Cook)과의 대화.

즈비언 페미니즘으로 깊어지고 확장되어야 한다.

내가 여기서 레즈비언 존재라고 부르는 것을 발굴하고 묘사하는 앞으로의 과제는 모든 여성들을 해방시킬 잠재력을 가지고 있다. 이는 반드시 서구의 백인 중산층 여성들의 연구가 지닌 한계를 넘어 모든 인종과 민족, 정치 구조 안에 있는 여성들의 삶과 일, 집단들을 살펴봐야 하는 작업이다. 게다가, '레즈비언 존재'와 '레즈비언 연속체' 사이에는 차이점이 있는데, 우리는 우리 자신의 삶 속에서도 그 차이점들을 포착할 수 있다. 레즈비언 연속체는 스스로를 이성애자로서 드러내는 여성들뿐 아니라 레즈비언으로서 드러내는 여성들을 포함하여 여성의 이중생활이라는 측면에서 조명될 필요가 있다. 우리는 이중생활의 여러 형태를 훨씬 더 철저하게 설명할 필요가 있다. 역사가들은 제도로서의 이성애가 여성의 임금 규모, 중산층 여성들의 '여가' 강제, 성적 해방의 미화, 여성의 교육 제한, '고급 예술'과 대중문화의 형상화, '개인적' 영역의 신비화 등을 통해 조직되고 유지되어온 방식을 하나하나 따져볼 필요가 있다. 우리에게는 여성이 두 배로 과중한 노동량을 지고 성별분업을 수반하는 이성애 제도가 가장 이상화된 경제적 관계임을 파악하는 경제학이 필요하다.

다음과 같은 질문들이 불가피하게 제기될 것이다. 그렇다면 우리는 별로 억압적이지 않은 것들까지 포함해 모든 이성애 관계를 비난해야 하는 것인가? 나는 이것이 종종 진심 어린 질문임에도 여기서는 잘못된 질문이라고 생각한다. '좋은 결혼' 대 '나쁜 결혼', '사랑해서 하는 결혼' 대 중매결혼, '해방적' 섹스 대 성매매, 이성애 성관계 대 강간, 고통스러운 사랑Liebesschmerz 대 굴욕과 종속처럼, 우리는 잘못된 이분법에 사로잡혀 이 제도를 총체적으로 보지 못했다. 물론 이 제도 안에서 경험의 질적인 차이들은 존재하지만, 선택권의 부재는 거대한 현실 인식의 부재로 남게 된다. 선택의 부재 속에서 여성들은 특정 관계를 통한 우연이나 운에 의존하게 되며, 자신들의 삶에서 섹슈얼리티가 가지는 의미와 그 장소를 결정하는 집단적인 힘을 가질 수 없게 될 것이다. 게다가 우리는 제도 자체를 다룸으로써, 파편화되고 잘못 칭해졌으며 지워져왔기에 한 번도 그 자체로 온전히 이해된 적 없는 여성 저항의 역사를 인지하기 시작한다. 개인적인 사례나 다양한 집단적 상황을 넘어 도처에서 여성들을 좌지우지하며 모든 다른 형태의 착취와 불법적 통제의

모델이 되어온 남성 권력을 해체하고자 이를 복합적으로
조망하기 위해서는 이성애의 문화적 선동뿐 아니라 정치와
경제까지도 대담하게 파악해야만 한다.

---

* 《사인스》는 1975년 가을 창간호에서 이제는 고전이 된 캐럴 스미스로젠버그의 논
문 "The Female World of Love and Ritual: Relations between Women in
Nineteenth-Century America"를 실었고, 이듬해 여름호에는 조앤 캘리(Joan
Kelly)의 "The Social Relation of the Sexes: Methodological Implications of
Women's History"를 실었다. 두 논문은 각기 다른 방식으로 이 글에 담긴 내 생
각의 출발점을 제공해주었다. 또 1977년 《크리설리스(Chrysalis)》 3호에 실린 블랜
치 쿡의 "Female Support Networks and Political Activism"과 1978년 5월 할
렘 스튜디오 박물관에서 로레인 베설이 "This Infinity of Conscious Pain: Zora
Neale Hurston and the Black Female Literary Tradition"이라는 제목으로 진행
한 강연[다음으로 출간됨. *Black Women's Studies*, ed. Gloria Hull, Elaine Bell
Scott, and Barbara Smith (Old Westbury: Feminist Press, 1980)] 등 점점 성
장해가고 있는 많은 레즈비언 연구들에 깊이 빚지고 있다. 최근 출간된 다음의 책들
에도 큰 영향을 받았다. Kathleen Barry, *Female Sexual Slavery* (Englewood
Cliffs: Prentice-Hall, Inc., 1979); Mary Daly, *Gyn/Ecology: The Metaethics of
Radical Feminism* (Boston: Beacon Press, 1978); Susan Griffin, *Woman and
Nature: The Roaring Inside Her* (New York: Harper & Row, 1978); Diana
Russell and Nicole van de Ven, *Proceedings of the International Tribunal
on Crimes against Women* (Millbrae: Les Femmes, 1976); Susan Cavin,
"Lesbian Origins: An Hystorical and Cross-cultural Analysis of Sex Ratios,
Female Sexuality and Homo-sexual Segregation versus Hetero-sexual
Integration Patterns in Relation to the Liberation of Women"(Ph.D. diss.,
Rutgers University, 1978).

누구도 여성으로 태어나지 않는다

On ne naît pas femme

모니크 비티그
Monique Wittig

여성 억압에 관한 유물론적 페미니즘[1]은 여성이 하나의 '자연적 집단', 즉 "특정한 인종 집단, **자연적인** 존재로 여겨지는 집단, 물질적으로 특정한 신체를 가졌다고 여겨지는 집단"[2]이라는 관념을 타파한다. 이러한 분석이 관념의 차원에서 이룬 성취를 보여준다면, 실천적 차원에서는 레즈비언 사회의 존재 자체가 여성을 '자연적 집단'으로 구성해내는 인위적(사회적) 사실을 파괴한다. 레즈비언 사회[3]는 남성

---

1. Christine Delphy, "Pour un féminisme matérialiste," *L'Arc* 61 (1975).

2. Colette Guillaumin, "Race et Nature: Système des marques, idée de groupe naturel et rapport sociaux," *Pluriel* 11 (1977).

3. 나는 '사회'라는 단어를 확장된 인류학적 의미로 사용한다. 엄밀하게 말해 레즈비언 사회가 이성애적 사회 시스템으로부터 완전히 자율적으로 존재하지는 않는다는 의

과 남성의 객체인 여성이라는 구분이 정치적인 것임을 효
과적으로 드러내고, 우리가 이데올로기적으로 '자연적 집
단'으로 재구축되었다는 사실을 보여준다. 그 이데올로기는
여성들의 정신뿐 아니라 신체까지도 이러한 조작의 산물이
되게 했다. 우리는 몸과 정신의 각 부분을 자연이라는 **관념**
에 부응시키도록 강요받았다. 우리 몸은 소위 '자연적'인 것
으로 왜곡되었기에 억압이 있기 이전부터 이미 그렇게 존
재해왔던 것처럼 생각된다. 마치 우리가 '자연'(관념일 뿐인
자연)이기 때문에 마땅히 억압을 받은 것처럼 말이다. 유물
론적 분석이 추론을 통해 도출한 바를 레즈비언 사회는 실
천으로 해낸다. 즉 자연적 집단으로서의 '여성'은 없으며(우
리 레즈비언이 바로 살아 있는 증거다), 개인들로서 우리는 '여
성'이라는 것에 의문을 제기한다. 시몬 드 보부아르가 30년
전에 이미 그것은 신화일 뿐이라고 말했듯이 말이다. "누구
도 여성으로 태어나지 않는다. 여성으로 되어가는 것이다.
어떤 생물학적, 심리적, 또는 경제적 운명이 이 사회에서의
인간 여성의 모습을 결정하는 것이 아니다. 남성과 거세된

미에서 일반적인 사회를 참조로 하는 것은 아니기 때문이다. 그럼에도 불구하고, 그
들은 단순한 공동체 이상이다.

자 사이에 있는 존재, 여성적이라고 묘사된 이 존재를 창조해낸 것은 바로 문명이다."[4]

그러나 여전히 미국 등지의 여러 페미니스트와 레즈비언 페미니스트들은 여성 억압의 기초가 역사적일 뿐 아니라 **생물학적**이라고 믿고 있다. 심지어 일부 페미니스트들은 보부아르의 글에서 그런 근거를 찾을 수 있다고 주장한다.[5] 모권에 대한 믿음과 함께, '선사시대'에 거칠고 야만적인 남자들이 (생물학적 성향에 따라) 사냥을 했던 반면 여자들은 (생물학적 성향에 따라) 문명을 만들었다는 믿음은 지금까지 남성이라는 계급이 생산해낸, 역사를 생물학적으로 해석하는 시각과 일맥상통한다. 사회적 사실과 무관하게 여전히 여성과 남성이라는 구분이 생물학적이라 설명하는 방식과 같다. 이 관점은 사회의 기초가 이성애에서 출발한다고 가정하기 때문에, 결코 여성 억압에 대한 레즈비언적 접근 방식이 될 수 없다. 가모장제는 가부장제 못지않게 이성애 중심적이다. 다른 점은 지배자의 성별뿐이다. 또 이 관점은 여전히 (여성과 남성이라는) 생물학적 성별 범주에 갇혀

---

4. Simone de Beauvoir, *The Second Sex* (New York: Bantam, 1952), 249.

5. Redstockings, *Feminist Revolution*, (New York: Random House, 1978), 18.

있을 뿐 아니라, 출산 능력(생물학)이 여성을 정의한다는 생각에 사로잡혀 있다. 이런 가설은 레즈비언의 삶의 방식과 충돌하는데도, "여성과 남성은 다른 종 혹은 인종(두 단어는 서로 바꿔 써도 무방하다)으로서, 남성이 생물학적으로 여성보다 열등하며 남성의 폭력성은 생물학적으로 불가피하다"[6] 라고 단언하는 레즈비언들도 있다. 이렇게 우리는 남성과 여성이라는 '자연적' 구분이 있다고 인정함으로써 역사를 자연화하고, '남성'과 '여성'이 언제나 존재해왔고 앞으로도 존재하리라 전제한다. 우리는 우리를 억압하는 사회현상을 자연화할 뿐 아니라 변화 불가능한 것으로 만들고 있다. 예 컨대 우리는 출산을 강제적인 생산으로 보는 대신 '자연적' 이고 '생물학적'인 과정으로 여기며 이 사회에서 출산이 계획된다는 사실(인구통계)과 우리 자신이 아이들을 생산하도록 설정되어 있다는 사실을 잊어버리는데, 출산은 "전쟁을 제외하고"[7] 엄청난 죽음의 위험을 선물하는 유일한 사회적 활동이다.

---

6. Andrea Dworkin, "Biological superiority, the world's most dangerous and deadly idea," *Heresies* 6: 46.

7. Ti-Grace Atkinson, *Amazon Odyssey* (New York: Links Books, 1974), 15.

따라서 우리가 "평생 동안, 그리고 수세기에 걸쳐 여성의 창조적 행동으로 여기며 출산에 헌신해온 관습을 우리의 의지나 충동에 따라 포기할 수 없게 된다면"[8] 출산에 관한 통제권을 얻는 일은 단순히 이 생산의 물질적 수단을 통제하는 일 이상의 의미, 즉 여성들이 자신들에게 부과된 '여성'이라는 정의로부터 스스로를 추출해내야 한다는 의미를 가지게 된다.

유물론적 페미니즘은 억압의 근거나 기원으로 받아들여지는 것들, 즉 "여성이라는 신화",[9] 그리고 그것이 여성의 의식과 몸에 남긴 물질적 효과와 징후가 사실은 억압자가 부여한 **표식**[10]일 뿐이라는 점을 보여준다. 그러나 이 표식은 억압에 선행하는 것이 아니다. 콜레트 기요맹Colette Guillaumin 은 흑인 노예제라는 사회경제적 현실이 있기 전에는 혈족이라는 관념이 있었을 뿐 근대적 의미의 인종이라는 관념은 존재하지 않았다고 밝힌다. 그럼에도 이제 인종은 정확

---

8. Andrea Dworkin, "Biological superiority, the world's most dangerous and deadly idea," 55.

9. Simone de Beauvoir, *The Second Sex.*

10. Colette Guillaumin, "Race et Nature: Système des marques, idée de groupe naturel et rapport sociaux."

히 성별과 마찬가지로 자연적 질서에 따라 '즉시 부여받은 것', '합당하게 주어진 것', '신체적인 것'으로 여겨진다. 그러나 우리가 신체적이고 직접적인 지각이라고 믿는 것들은 단지 정교한, 신화적 구성물이자 **상상적 구성물**[11]일 뿐이며, 이는 관계망을 통해서 신체적 특징들(그 자체로는 다른 것들처럼 중립적이지만 사회 체계에 의해 규정되는)을 지각하고 재해석한다. (흑인은 흑인처럼 보이므로 흑인이다. 여성은 여성처럼 보이므로 여성이다. 하지만 이들은 그렇게 **보이기** 전에 먼저 그렇게 **만들어져야** 했다.) 레즈비언들은 여성해방운동 이전 시절에 '여자'가 된다는 것이 얼마나 '부자연적'이고 강제적이며 완전히 억압적이고 파괴적이었는지를 항상 인식하고 기억해야 한다. 그것은 정치적 제약이었고, 그에 저항한 이들은 '진짜' 여성이 아니라는 혐의를 받았다. 그러나 우리는 그것에 자부심을 느꼈다. 그 혐의 안에 이미 승리의 그림자가 드리워 있었기 때문이다. 여성이 되려면 '진짜' 여성이 되어야 한다고 주장했던 억압자들이 '여성'이란 자동적으로 되는 게 아니라고 자백한 셈이다. 동시에 우리는 남성

11. 같은 글.

이 되고자 한다는 혐의도 받았다. 오늘날 이 두 가지 고발은 더욱더 '여성다운' 여성이 되기를 정치적 목표로 삼고 있는 듯한 일부 페미니스트들, 그리고 안타깝게도 일부 레즈비언들에 의해 여성해방운동의 맥락 안에서 다시금 열광적으로 시작되었다. 그러나 여성 되기를 거부한다는 것이 곧 남성이 되어야 한다는 의미는 아니다. 그리고 프루스트라면 '여자/남자'라 불렀을, 가장 공포스럽게 도발하는 전형적 예시인 완벽한 '부치'를 예로 들어본다면, 여성이 되기를 원하는 이들과 그녀의 차이를 어떻게 설명할 수 있을까? 서로 별반 다르지 않다. 적어도 여성들에게 남성이 되기를 원한다는 것은 애초의 프로그래밍으로부터 벗어났다는 증명이다. 그러나 온 힘을 다해 바란다 할지라도 여성은 남성이 될 수 없다. 외양뿐 아니라 의식까지도 남성이 되어야 하기 때문이다. 일생 동안 적어도 두 종류의 '자연적인' 노예들을 처분할 권리를 부여받았다는 의식 말이다. 이것은 불가능한데, 레즈비언 억압의 한 측면은 정확히 여성들은 남성들에게 속해 있으므로 우리에게는 닿을 수 없는 존재라는 인식을 만들어내는 것이기 때문이다. 그래서 레즈비언은 다른 무언가, 즉 여성이 아니고 남성도 아니며, 자연의 산물이 아닌 사회적 생산물이 되어야 한다. 사회에 자연이란 없기 때문이다.

의식적으로든 아니든, 이성애자가 되기를 (혹은 이성애자로 남기를) 거부하는 것은 언제나 남성 또는 여성이 되기를 거부한다는 의미였다. 레즈비언에게 이는 '여성'이라는 **역할**을 거부한다는 의미를 넘어선다. 이는 남성들의 경제적, 이데올로기적, 정치적 권력을 거부하는 것이다. 우리 레즈비언은, 그리고 레즈비언이 아닌 이들 또한, 레즈비언 운동과 페미니스트 운동을 시작하기 전부터 이 점을 알고 있었다. 그러나 앤드리아 드워킨이 강조한 것처럼, 최근 많은 레즈비언들이 "여성을 노예화하는 이데올로기를 여성의 생물학적 잠재력에 대한 역동적이고 종교적이고 심리적으로 강렬한 찬양으로 바꾸기 위해서 점점 더 노력해왔다."[12] 이렇듯 페미니스트 운동과 레즈비언 운동의 일부 갈래는 우리를 남성들이 만든 여성이라는 신화로 되돌아가게 해, 자연적 집단으로 퇴행하도록 만든다. 성별 없는 사회[13]를 위해 싸우

---

12. Andrea Dworkin, "Biological Superiority, The World's Most Dangerous and Deadly Idea."

13. "페미니즘에 논리라는 것이 있다면, 그것은 반드시 성별 없는 사회를 만들기 위해 발

고자 일어섰던 우리는 이제 우리 스스로가 '여성은 훌륭하다'라는 익숙한 교착상태에 빠져 있다는 사실을 발견하고 있다. 30년 전에 시몬 드 보부아르는 (여자는 남자와 다르다는 유의) 신화들 중에서 괜찮은 것들을 골라 여성을 정의하는 속성으로 사용하는 잘못된 인식에 대해 특히 강조했다. '여성은 훌륭하다'라는 개념이 성취하는 것은 억압이 우리에게 부여해온 최고의 특질들(누구에게 최고인지?)을 유지해 여성을 정의하는 일이고, 이는 자연적으로 주어진 것이 아니라 정치적 범주인 '남성'과 '여성'에 대해 급진적으로 질문하지 않는다. 그것은 우리가 다른 계급들처럼 계급을 타파하고자 싸우는 대신 '여성'이라는 계급 안에서 '여성'을 방어하고 강화하기 위해 싸우도록 만든다. 이는 우리가 우리의 특별함에 대한 '새로운' 이론을 안일하게 개발하도록 만들어, 수동성(더 정확히는 정당화된 공포)과 싸우는 일이 우리에게 긴요할 때, 그 수동성을 '비폭력'이라고 여기게 만든다. '페미니스트'라는 개념의 애매모호함은 이 모든 상황을 압축해 보여준다. '페미니스트'의 의미가 무엇인가? 페미니

휘돼야 한다." Ti-Grace Atkinson, *Amazon Odyssey*, 6.

스트는 '여성femme'이라는 단어로 형성된 어휘이고, 여성들을 위해 싸우는 사람을 의미한다. 우리 중 다수에게 이는 계급으로서의 여성들을 위해, 그리고 이 계급 자체를 없애기 위해 싸우는 사람을 의미하는 것일 테다. 다른 많은 이들에게 페미니스트는 여성들을 위해, 그리고 여성의 신화와 그것이 강화되는 것을 옹호하기 위해 싸우는 사람을 의미한다.

그러나 일말의 애매모호함을 지닌 단어라면 어째서 '페미니스트'라는 단어가 선택된 것일까? 10년 전에 우리는 스스로를 '페미니스트'라고 부르기로 했는데, 그것은 여성이라는 신화를 지지 혹은 강화하거나, 억압자들이 정의한 대로 스스로를 정체화하려는 목적이 아니라 우리의 운동이 역사를 지니고 있다는 사실을 단언하기 위해서, 그리고 이전의 페미니즘 운동과의 정치적 연결을 강조하기 위해서였다.

그렇다면 우리는 이 운동이 페미니즘에 부여한 의미에 관해 질문을 제기해볼 수 있다. 마침 지난 세기 동안 페미니즘은 자연/문화, 여성/사회에 관한 모순을 전혀 해결하지 못했다. 여성들은 집단적으로 그들 자신을 위해 싸우기 시작했고, 당연히 억압의 결과로서 공통된 특징들을 공유한다고 여겼다. 그러나 그들에게 이 특징들은 사회적인 것이기보다는 자연적이고 생물학적인 것이었다. 그들은 다윈주의자들의 진화론을 받아들이기까지 했다. 그들은 다윈처럼 "여성들은 남성들보다 덜 진화했다"고 믿지는 않았으나, "남성과 여성의 본성이 진화론적 발전 과정에서 갈라졌으며 사회 전반에 이러한 양극화가 반영되었다고 믿었다."[14] "초기 페미니즘의 실패는 단지 여성의 열등함에 관한 다윈주의자들의 협의만을 공격했을 뿐, 이 협의의 기초가 되는 것들, 즉 여성을 '특별한' 존재로 보는 관점은 받아들였다는 데 있다."[15] 그리고 마침내 이 이론을 과학적으로 무너뜨린 이들은 페미니스트가 아닌 여성 학자들이었다. 그러나 초기 페미니스트들은 역사를 이해관계의 충돌로부터 발전하는 역동적인 과정으로 보지 못했다. 게다가 그들은 여전히 남성들처럼 억압의 원인(기원)이 그들 자신에게 있다고 믿었다. 그리고 그에 따라 일정 부분 놀라운 승리를 거둔 후, 전면에 섰던 이 최초의 페미니스트들은 스스로 싸울 이유가

---

14. Rosalind Rosenberg, "In Search of Woman's Nature," *Feminist Studies* 3, 1/2 (1975): 144.

15. 같은 글, 146.

부족해지는 교착상태에 빠졌다는 사실을 깨닫게 되었다. 그들은 '차이의 평등'이라는 비논리적 원리를 옹호했는데, 그 관념은 이제 다시 탄생하고 있다. 그들은 우리를 위협하는 여성이라는 신화의 덫으로 다시 한 번 후퇴했다.

따라서 우리의 역사적 과업(오직 우리만의 것이기도 하다)은 우리가 억압이라고 부르는 것을 유물론적 개념 안에서 정의하는 일, 그리고 여성은 계급이라는 사실, 즉 '여성'은 '남성'과 같이 정치적이고 경제적인 범주이며 영원한 것이 아니라는 점을 명백히 하는 일이다. 우리 투쟁의 목표는 계급으로서의 남성들을 종족 학살이 아닌 정치적 투쟁을 통해 억누르는 것이다. 주인 없는 노예는 존재하지 않기 때문에, 일단 '남성' 계급이 사라지면 계급으로서의 '여성'도 마찬가지로 사라질 것이다. 우리의 첫 번째 과업은 '여성들women'(우리는 이 계급 안에서 투쟁한다)과 신화로서의 '여성woman'을 언제나 철저히 구분해 생각하는 일이다. 우리에게 '여성'은 존재하지 않기 때문이다. 그것은 오직 상상적 구성물일 뿐인 반면, '여성들'은 사회적 관계의 산물이다. 우리는 **여성woman's**해방운동이라 불리기를 거부했던 모든 곳에서 이 사실을 강하게 느꼈다. 나아가 우리는 우리 내부와 외부 양쪽에서 신화를 부수어야 한다. '여성'은 우리 각자가 아니며, (착취 관계의 산물인) '여성들'을 무효화하는 정치적·이데올로기적 구성물이다. '여성'은 우리를 혼란스럽게 하고 '여성들'의 현실을 감춘다. 우리가 계급으로 존재하며 계급이 되어간다는 사실을 자각하기 위해서 우리는 '여성'이라는 신화와 그것의 가장 매력적인 측면을(버지니아 울프가 여성 작가의 첫 번째 과업은 "집 안의 천사"를 죽이는 일이라고 말했던 것이 떠오른다) 가장 먼저 죽여야 한다. 그러나 계급이 되기 위해 각자를 억압해서는 안 되며, 어떤 개인도 그녀/그의 억압으로 환원될 수는 없으므로 우리는 우리 역사의 개별 주체들로서 자신을 구성해야 할 역사적 필요성에 직면해 있다. 나는 여성을 '새롭게' 정의하기 위한 이 모든 시도들이 지금 만발하고 있는 이유가 이 때문이라고 생각한다. 계급에 대한 정의뿐 아니라 개인에 대한 정의 역시 마찬가지로 중요하다(물론 이는 여성들에게만 해당되는 것이 아니다). 일단 한번 억압을 인지하면, 우리는 자기 자신을 주체로서(억압의 대상과는 반대되는 의미로서) 구성할 수 있다는 사실, 억압에도 불구하고 중요한 사람이 될 수 있다는 사실, 그리고 자신이 고유한 정체성을 가지고 있다는 사실을 알고 경험할 필요가 있다. 정체성을 빼앗긴 사람에게는 투쟁의 가능성도 투쟁을 위한 내적 동기도 없다. 내가 오직 타인과만 싸울 수 있다 해도, 먼저 나는 나 자신을 위해 싸워야 하기 때문이다.

개인 주체에 대한 질문은 역사적으로 모두에게 어려운 문제였다. 유물론의 마지막 아바타이자 정치적으로 우리를 형성해온 과학인 마르크시즘은 '주체'와 관련해서는 아무것도 듣고 싶어 하지 않는다. 마르크시즘은 선험적 주체, 지식의 구성 요소로서의 주체, '순수한' 의식consciousness을 거부했다. 경험 이전의 모든 생각은 그 자체로 역사의 쓰레기통 신세가 되었는데, 왜냐하면 그것은 물질 바깥에, 물질 이전에 존재한다고 주장되며, 그런 식으로 존재하기 위해 신, 성령 또는 영혼 같은 것들을 필요로 하기 때문이다. 이것이 소위 '관념론'이다. 개인들은 오직 사회적 관계의 산물일 뿐이며, 따라서 그들의 의식은 '소외될' 수 있을 뿐이다. (『독일 이데올로기』에서 마르크스는 비록 억압받는 계급을 소외시키는 생각의 직접적인 생산자일지라도 지배계급의 개인들 역시 소외될 수 있다고 말했다. 그러나 그들은 그들 자신의 소외로부터 가시적인 이익을 도출해내기 때문에 소외를 그다지 고통스럽지 않게 참아낼 수가 있는 것이다.) 계급의식이란 것은 존재하지만, 같은 계급의 다른 주체들과 함께 모두가 같은 의식을 공유하며 착취의 일반적인 조건에 동시에 참여한다는 점 외에 이 의식은 특정한 주체에 관여되어 있지 않다. 누구나 맞닥뜨릴 수 있는 실리적인practical 계급 문제(전통적으로 정의된 계급 문제의 외부에 있는, 예컨대 성적인 문제들)에 관해서는, 계급투쟁에서의 최종 승리와 함께 사라질 '부르주아'적 문제로 간주된다. '개인주의자', '주관주의자', '프티부르주아' 등은 '계급투쟁' 자체로 환원될 수 없는 문제들을 드러내온 사람들 누구에게나 부여되어온 꼬리표였다.

이와 같이 마르크시즘은 피억압계급 구성원들의 주체 되기를 거부해왔다. 그럼으로써 이 '혁명적 과학'은 노동운동과 모든 다른 정치적 그룹들에게 이데올로기적·정치적 힘을 즉각적으로 발휘해 모든 범주의 억압받는 사람들이 역사적으로 그들 자신을 주체로서(예컨대 투쟁의 주체로서) 구성하지 못하게 방해해왔다. 이는 '대중'은 자기 자신을 위해 싸우지 않으며 정당이나 조직을 위해서만 투쟁한다는 의미다. 그리고 (사적 소유가 종식되고, 사회주의 국가가 설립되는) 경제적 전환이 이루어지면, 새로운 사회에서는 어떤 혁명적 변화도 일어나지 않는다. 사람들 자체는 변하지 않았으므로.

여성들에게 마르크시즘은 두 가지 결과를 가져왔다. 마르크시즘은 '여성/남성'의 관계를 자연적 관계로 전환시켜 사회질서의 외부에 남겨두고(마르크시스트들에게 이것은 의심할 바 없이 아이와 어머니의 관계와 함께 자연적으로 보이는 유일한 것이다), 노동의 성별분업 뒤에 있는 남성과 여성 사이의 계급 모순을 숨김으로써(『독일 이데올로기』) 여성들 자신이 계급이라는 사실을 깨닫지 못하게 방해했고, 그에 따라 아주 오랫동안 여성들이 자신을 계급으로서 구성하지 못하게 해왔다. 이는 이론적(이데올로기적) 수준에 관련된 것이다. 실천적 수준에서 레닌, 당, 가장 급진적인 정치 그룹들을 포함한 지금까지의 모든 공산당은, 자신들만의 계급 문제에 기반해 반향을 일으키고 그룹을 형성하는 여성 구성원들의 모든 시도에 항상 불화를 조장한다는 식으로 대응해왔다. 여성들이 단결함으로써 민중의 힘을 갈라놓는다는 것이다. 마르크시스트들에게 여성들은 부르주아 계급에 속하거나 프롤레타리아 계급에 속하거나, 즉 둘 중 한 계급의 남성에게 **속해 있다**는 의미다. 게다가 계급이 각각의 개인들로 구성된 것이기도 하다는 사실을 고려하지 않는 마르크시즘 이론은 여성들이 다른 억압받는 민중 계급만큼 스스로를 역사적 주체로 구성하려는 시도를 허용하지 않는다. 계급의식으로는 충분하지 않다. 우리는 철학적으로(정치적으로) '주체'와 '계급의식'의 개념을 이해하고 그것들이 우리의 역사와 관련해서 어떻게 작동하는지를 이해하려 노력해야 한다. 여성이 억압과 전유의 대상이라는 사실을 발견하고 그 점을 인지하는 바로 그때, 관념의 작동을 통해 우리는 인식할 수 있는 주체라는 의미에서의 주체가 된다. 억압에 관한 의식이 억압에 대한 반응(투쟁)만을 의미하지는 않는다. 그것은 사회적 세계의 총체적인 개념적 재평가이자, 억압이라는 관점에서 새로운 개념과 함께 이루어지는 총체적 재조직화이기도 하다. 나는 이것을 억압받는 이들이 창조하는 억압의 과학이라고 부르고자 한다. 우리 중 누구라도 현실을 이해하는 이 활동에 착수해야 한다. 이것은 주관적이고 인식적인 실천이다. 현실의 차원들(사회적 현실의 양 측면인 억압의 개념적 현실과 물질적 현실) 사이를 오가는 그 운동은 언어를 통해 달성된다.

　유물론적 개념 안에서 개인 주체를 정의하는 과업을 역

사적으로 반드시 수행해야 하는 사람은 우리다. 유물론과 주체성은 언제나 상호 배제적이었기 때문에 이는 확실히 불가능한 것처럼 보인다. 그럼에도, 이해할 수 없다고 절망하는 대신에 우리 중 다수가 신화적 '여성'을 버림으로써(여성이라는 신화는 우리를 붙잡는 유일한 덫이다) 주체성에 다다를 **필요**가 있음을 인식해야 한다. 계급의 일원으로서뿐 아니라 개인으로서도 존재하려는 모두를 위한 이 실제적 필요는 아마도 혁명의 성취를 위한 첫 번째 조건일 것이며, 이것 없이는 진정한 투쟁이나 변화가 있을 수 없다. 그러나 그 반대, 즉 계급과 계급의식 없이는 진정한 주체도 없으며, 오직 소외된 개인만 있을 뿐이라는 사실 역시 진리다. 여성들이 유물론적 관점에서 개인 주체의 문제에 답하려면 일단 레즈비언과 페미니스트들이 그랬던 것처럼, '주관적이고' '개인적이며' '사적인' 문제들이 사실은 사회적 문제이며 계급 문제라는 사실, 그리고 섹슈얼리티는 여성들에게 개인적이고 주관적인 표현이 아니라 폭력의 사회제도라는 사실을 밝혀야 한다. 그러나 일단 우리가 모든 소위 개인적인 문제들이 사실은 계급 문제라는 것을 보여주더라도, 신화가 아닌 개별적인 여성 주체의 문제는 계속 남아 있다. 이 시점에서 내가 하고자 하는 말은, 모든 인류를 위한 개인적이고 주관적인 새로운 정의는 오직 (남성과 여성이라는) 성별 범주 너머에서만 발견될 수 있으며, 개인 주체들이 출현하려면 먼저 성별 범주를 파괴하고, 더는 그런 범주를 사용하지 않고, 여전히 그 범주를 근간으로 하는 모든 과학(사실상 모든 사회과학이 그렇다)을 거부해야 한다는 것이다.

'여성'을 파괴하자고 해서 우리의 목적이 (물리적 파괴가 아닐 뿐) 성별 범주와 함께 레즈비어니즘까지 일시에 파괴하는 데 있다는 뜻은 아니다. 지금으로서는 레즈비어니즘이 우리가 자유롭게 살아갈 수 있는 유일한 사회적 형태를 제공해주기 때문이다. 레즈비언은 내가 아는 한 유일하게 (남성과 여성이라는) 성별 범주 너머에 있는 개념이다. 왜냐하면 그 주체(레즈비언)는 경제적으로도 정치적·이데올로기적으로도 여성이 **아니기** 때문이다. 여성을 여성으로 만드는 것은 남성과의 특별한 사회적 관계, 즉 우리가 이전에 노예 상태[16]라고 불렀던 관계, (강제적 거주,[17] 가정 내 무급 노

---

16. 출처는 *L'Idiot International* (mai 1970)에 실린 글로, 원제는 "여성해방운동을 위하여(Pour un mouvement de libération des femmes)"였다.

17. Christiane Rochefort, *Les Stances a Sophie* (Paris: Grasset, 1963).

동, 부부관계의 의무, 자녀의 무한 생산 등) 개인적이고 신체적인 의무뿐 아니라 경제적 의무까지 함축하는 관계, 레즈비언들이 이성애자가 되기를 거부하거나 이성애자로 남아 있기를 거부하며 탈출한 관계다. 우리는 노예 상태를 탈출해 자유를 찾았던 미국의 도망노예들과 같은 방식으로 우리 계급으로부터 탈출한다. 이것은 우리에게 절대적으로 필요한 일이며, 우리는 생존을 위해 남성들이 여성들을 전유할 수 있게 하는 여성 계급을 파괴하는 데 모든 힘을 쏟아부어야만 한다. 이 과제는 남성에 의한 여성 억압에 기반하며 성별 간에 차이가 있다는 교조를 생산해 억압을 정당화하는 이성애라는 사회 시스템을 파괴함으로써만 성취될 수 있다.

나영

레즈비언이자 퀴어 페미니스트 활동가. 문화연대와 지구지역행동네트워크에서 활동했고, 지금은 '성적권리와 재생산정의를 위한 센터 셰어SHARE' 대표, '모두를 위한 낙태죄 폐지 공동행동' 공동 집행위원장으로 활동하고 있다. 성소수자차별반대무지개행동, 차별금지법제정연대 활동에도 참여해왔다. 성과 정치경제, 종교 근본주의와 성-정치, 재생산 정의reproductive justice 운동, 적녹보라 패러다임과 글로컬 액티비즘에 주된 관심을 두고 있다. 함께 지은 책으로 『핵심 이슈로 보는 미디어와 젠더』 『경계 없는 페미니즘』 『배틀그라운드』 『교차성×페미니즘』 『그럼에도 페미니즘』 『덜 소비하고 더 존재하라』 등이 있다.

샬럿 번치Charlotte Bunch(1944~)

미국의 페미니스트 저술가이자 인권운동가. 현재 럿거스 대학교 여성학과 석좌교수이다. 1972년 레즈비언 페미니스트 공동체 퓨리스The Furies Collective 창립에 참여했고 《퓨리스》라는 기관지를 발행했다. 이 조직은 1년가량의 활동으로 단명했지만 미국 레즈비언의 역사에서 중요한 위치를 점하고 있다. 1974년에는 페미니즘 잡지 《퀘스트Quest: A Feminist Quarterly》를 창간했다. 지은 책으로 『레즈비어니즘과 여성운동Lesbianism and the Women's Movement』, 『열정적 정치학Passionate Politics: Feminist Theory in Action-Essays, 1968-1986』 등이 있다.

앤 코트Anne Koedt(1941~)

미국의 급진적 페미니스트. 1967년 뉴욕급진여성들New York Radical Women 설립에 참여했고, 1968년 같은 단체가 주체한 워크숍에서 소책자 『질 오르가즘의 신화The Myth of the Virginal Orgasm』를 발표하며 폭발적인 반응을 일으켰다. 1969년에는 슐러미스 파이어스톤과 함께 뉴욕급진페미니스트들New York Radical Feminists을 설립했으나, 당파가 나뉘며 조직 활동에 환멸을 느껴 이듬해 탈퇴했다.

에이드리엔 리치Adrienne Rich(1929~2012)

미국의 시인이자 페미니즘 저술가. 1951년 첫 시집『세상 바꾸기A Change of World』로 데뷔한 후 가부장적 사회의 억압적 본질을 드러내는 시와 산문을 꾸준히 발표해왔다.『여자로 태어나Of Woman Born』,『거짓말과 비밀, 침묵에 관하여On Lies, Secrets, and Silence』,『피와 빵과 시Blood, Bread, and Poetry』 등의 산문집을 출간했다. 여성주의적 시각을 엿볼 수 있는 주요 시집으로는『며느리의 스냅사진들Snapshots of a Daughter-in-law』,『난파선 속으로 잠수하기Diving into the Wreck』 등이 있다.

모니크 비티그 Monique Wittig(1935~2003)

프랑스의 작가이자 페미니즘 이론가. 사회적으로 강요된 젠더 역할을 거부하며 스스로를 '급진적 레즈비언'이라고 불렀다. 또 유물론적 페미니즘의 관점에서 '여성이라는 신화'를 규탄하고 이성애를 정치체제로 파악해 문제 삼으며 마르크시즘을 비판적으로 검토했다. 저서로 주요 논문을 모은『이성애적 사고The Straight Mind and Other Essays』, 그리고 레즈비언 페미니즘에서 중요한 위치를 차지하는 소설『게릴라 여전사들Les Guérillères』 등이 있다.

레즈비언 페미니즘 선언

반란, 연대, 전복의 현장들

1판 1쇄 2019년 12월 9일

엮고 옮긴이 나영
펴낸이 김수기

펴낸곳 현실문화연구
등록 1999년 4월 23일 / 제25100-2015-000091호
주소 서울시 은평구 통일로 684 서울혁신파크 1동 403호
전화 02-393-1125 / 팩스 02-393-1128 / 전자우편 hyunsilbook@daum.net
ⓗ hyunsilbook.blog.me　ⓣ hyunsilbook　ⓘ hyunsilbook

만든 사람들 허원 김재은 워크룸

ISBN 978-89-6564-232-9 (03300)

이 도서의 국립중앙도서관 출판예정도서목록(CIP)은
서지정보유통지원시스템 홈페이지(http://seoji.nl.go.kr)와
국가자료종합목록 구축시스템(http://kolis-net.nl.go.kr)에서 이용하실 수 있습니다.
(CIP제어번호: CIP2019042276)